OXÍGENO
Lucas Leys

A Sophie, quien desde que nació me ayudó
a entender mucho más a Dios.
Te amo.

Tabla de contenido:

1

LA
SOSPECHA

Aunque no lo sepas, no lo admitas o lo niegues, tu alma tiene sed del Todopoderoso.

No todos lo reconocemos a un nivel consciente, pero todos hemos experimentado la sospecha. Incluso aquellos que nunca serían considerados "personas espirituales".

Lo hicimos en nuestras noches de adolescencia cuando nos preguntábamos acerca del sentido de la vida. Lo hicimos en la mañana fatídica en que nos enteramos de esa muerte inesperada.

Lo hicimos al ver ese atardecer especial en medio de un maravilloso paisaje e, inevitablemente, todos lo haremos al llegar a la vejez.

OXÍGENO

En efecto, hasta la persona que se confiesa más atea en algún momento ha sospechado que hay algo más.

Alguien más.

Y ha dudado de su duda.

Aunque no estemos seguros de cómo alcanzarlo, o de cómo descubrirlo, o de cómo verlo con ojos frescos, todos ansiamos disfrutarlo. Y lo ansiamos aun si ese pensamiento nos parece descarado o poco científico.

Algunos, quizás por haber sido criados en esa caja de resonancia que a veces es la iglesia cristiana, hablan de Él continuamente, aunque sus vidas detrás de escena delaten que, en el fondo, sus ideas acerca de Él y la consciencia de su presencia en su presente están llenas de niebla. Tienen un Dios de visitas, como en el Antiguo Testamento, y no uno que mora desde la promesa cumplida del Pentecostés. Y es que más allá de sus palabras, la presencia del Todopoderoso en sus vidas es casi imaginaria, sin peso en su diario vivir (a menos que sea para mencionarlo en un posteo público en las redes sociales, o porque es su costumbre invocarlo antes de comer, o porque es el destinatario de las canciones de su religión).

Otros son más prudentes. Saben que se trata de alguien que no se sujeta a reglas, porque de hecho es el que las hace y está por encima de ellas. De todas. Y si se sujeta, es por propia voluntad, ya que las etiquetas no le quedan y no le alcanzan, excediendo las caracterizaciones de personalidad que los seres humanos sabemos hacer luego de miles de años de filosofía y antropología, y de las últimas consideraciones de la psicología.

También, claro, hay quienes son más conscientes de que lo desconocen. Abrazan el misterio, e igual le buscan sin saberlo o aun prefiriendo no ser descubiertos.

Y es que el misterio es que, aunque hablemos o no hablemos de Él, usemos la etiqueta religiosa que queramos, o creamos que es una "cosa" y no un "alguien", sea como sea, no lo podemos describir con absoluta precisión porque solo podemos conocer lo que Él mismo nos deje saber.

NO PODEMOS DESCRIBIR A DIOS CON ABSOLUTA PRECISIÓN PORQUE SOLO PODEMOS CONOCER LO QUE ÉL MISMO NOS DEJE SABER.

Lo anhelamos, y hasta tenemos nostalgia de Él, aunque no estemos seguros de que de verdad lo hayamos conocido.

De hecho, no portar ese anhelo se hace insoportable y, en

consecuencia, es lo que abre la puerta al suicidio. El deseo de muerte es lo opuesto a la vida, y es justamente ese anhelo de Dios lo que nos hace estar vivos, porque fuimos hechos para esto:

Adorarle.

TÚ ERES ALGUIEN HECHO PARA ADORAR A DIOS Y DE ESO DEPENDE TU VIDA.

Respirar.

Y es que adorarle y respirar tienen un romance que no es furtivo, sino eterno.

Así que te lo digo ahora sin vueltas ni poesía: tú eres alguien hecho para adorar a Dios y de eso depende tu vida.

Sí, este libro se trata de adoración. Aunque no, no se trata de música ni de canciones... a no ser esas que surgen del alma que busca al Todopoderoso y que en realidad no se pueden poner en un pentagrama.

La adoración es una relación que emerge de nuestras motivaciones y anhelos más íntimos, aunque nuestras motivaciones y anhelos no siempre están alineados como pensamos, y de desenmarañar eso se trata este libro.

Por ahora, lo que quiero señalarte es que la adoración es una parte tan importante de tu vida que, aunque nunca lo hayas sospechado, la necesitas tanto como al oxígeno.

"Oxigeno" habla de lo que nos mantiene vivos; es como el romance y la búsqueda de dos amantes que se anhelan mutuamente. Y te resalto que son dos porque no es solo tu búsqueda. También es la suya.

Dios te anhela.

Te hizo para eso (Juan 1:3, Romanos 11:36, 1 Corintios 8:6, Colosenses 1:16), y la adoración tiene mucho, muchísimo más que ver con Él que contigo.

Él es la razón de tus pasiones, e incluso es lo que en verdad buscas al ceder a tus tentaciones.

Él está detrás de lo que celebras, de lo que amas y de lo que temes.

> LA ADORACIÓN ES UNA PARTE TAN IMPORTANTE DE TU VIDA QUE, AUNQUE NUNCA LO HAYAS SOSPECHADO, LA NECESITAS TANTO COMO AL OXÍGENO.

Y aunque no lo sepas, lo discutas, lo niegues o lo ignores, por Él respiras.

Vives para Él. Y no, no solo quiere que le obedezcas como te predicó la religión.

Él quiere que lo ames (Mateo 22:37-38).

¿Por qué?

Porque Él te ama.

Eso es lo que hace el amor. Y como escribió el viejo Juan luego de recostar su cabeza en el hombro del Verbo encarnado: Dios es amor (1 Juan 4:7-9). Por eso Él te desea, con el anhelo de que le des tu reciprocidad, pero sin obligarte.

Claro, en algunos lugares escucharás que la teología ortodoxa insiste con que "Dios no nos necesita", y conozco la afirmación que hace Pablo al respecto en el libro de Los Hechos, y entiendo la explicación. Leí acerca de este concepto en docenas de tomos de teología sistemática, y si tuviera que defender la idea en un debate entre profesores de doctrina, podría justificarla sin mayor dificultad. Dios es suficiente. Una luz que no admite ni crea sombra. Un alfa que no tiene omega y una omega que no tiene alfa. Pero esta explicación es cuántica. Finita. Física. No espiritual. Si Dios te ama, es porque te necesita. Por supuesto, no para satisfacer una necesidad práctica desde una dimensión de utilidad, sino desde la dimensión del mismísimo misterio del amor.

Dios te anhela, y tú a Él.

De eso se tratan las próximas páginas.

Porque así como no hay manera de vivir sin oxígeno, no hay manera de que en nuestra vida haya realmente vida sin aquel a quien el teólogo Karl Barth describía como "el totalmente otro", o el filósofo Paul Tillich llamaba "el único ser en sí mismo" ...

2

EL DIOS
DE DIOSES

Lo siento.

Creo que en las iglesias cristianas hay demasiadas personas que no conocen a Dios, aunque le mencionen con naturalidad y le canten continuamente.

Al menos creo que no lo conocen lo suficiente.

Y claro, todos, absolutamente todos nosotros podemos conocerle más. *¿Conoces las palabras inteligible e ininteligible?* Así es Dios. Ambas cosas.

Muchos conocemos acerca de Dios desde que tenemos memoria. En mi caso, fue siempre parte de la historia de mi familia, lo mismo que en el caso de Valeria, mi esposa, la única persona que conozco que es ¡quinta generación de pastores! (Desde su tátara-tátara abuelo su familia directa ha estado en el pastorado). Sin embargo, no puedo decir que verdaderamente *conozco* a Dios desde que tengo memoria, aunque sí tengo información sobre su existencia desde que recuerdo.

Incluso sintiendo afinidad por las cosas de Dios, a muchos puede pasarnos lo que Pablo dice de los judíos antiguos en Romanos 10:2-3:

> *"Yo conozco el celo que sienten por la causa de Dios, pero se trata de un celo equivocado. Como no conocen la manera en que Dios nos declara justos, tratan de hacerse justos a su propia manera, y así terminan rechazando la manera en que Dios quiere aceptarlos".*

¿Que tienen celo por la causa de Dios, pero es un celo equivocado?

Quienes fuimos criados en una iglesia cristiana podemos recordar a maestros bíblicos que, aunque sin malas intenciones, de alguna manera nos ayudaron a pensar en Dios como si fuera uno de nosotros pero con superpoderes. Esto, de hecho, no fue algo novedoso ni exclusivo de nuestra infancia, ya que es la característica más notable de los dioses de casi todas las culturas. El caso quizás más reconocible es el de la mitología griega. Una simple mirada a las historias de Zeus, Poseidón, Afrodita o Apolo deja en claro que ellos tenían las mismas pasiones que cualquiera de nosotros, solo que con capacidades sobrenaturales para lidiar con ellas. Como cualquiera de los superhéroes de las películas contemporáneas.

Sin embargo, en el Salmo 50:21 (NVI) Dios le pregunta a su pueblo: *"... ¿acaso piensas que soy como tú?"*, y en Isaías 55:8 (NVI) vemos que les dice: *"... mis pensamientos no son los de ustedes, ni sus caminos son los míos ..."*.

Dios no se presenta como si fuera uno de nosotros pero con superpoderes. Él tiene caminos, y sobre todo pensamientos, que para nosotros son incomprensibles sin su ayuda. En Romanos 11:33-36 (NVI) Pablo escribe:

"¡Qué profundas son las riquezas
de la sabiduría y del conocimiento de Dios!
¡Qué indescifrables sus juicios
e impenetrables sus caminos!
«¿Quién ha conocido la mente del Señor,
o quién ha sido su consejero?»
«¿Quién le ha dado primero a Dios,

para que luego Dios le pague?»
Porque todas las cosas proceden de él,
y existen por él y para él...".

Es crucial, esencial e inteligente comprender que Dios es santo... lo cual significa que es completamente diferente a nosotros. Que Él es infinito y perfectamente justo. Que Él no tiene falla moral o conceptual alguna. Que Él es perfección. Todo en Él, y de Él, y para Él, y por Él, es perfecto. Lo que Él dice que es justo, eso es la justicia. Como escribió un viejo puritano de la Universidad de Cambridge llamado William Perkins: *"No debemos pensar que Dios hace algo porque ese algo es bueno y correcto, sino que más bien ese algo es bueno y correcto porque Dios lo hace".* [1]

Incluso nuestra teología más acabada es solo un boceto limitado de quién es Dios, pero igual, por más precaria y pequeña que sea, todos, absolutamente todos debemos arraigar nuestro boceto en lo que Dios ha revelado de sí mismo en su Palabra, en vez de divagar en presunciones pop subjetivistas. Y la expresión más clara y completa que tenemos de quién es Dios es la que tenemos en Jesús. En Juan capítulo 14, entre los versículos 8 al 11, tenemos una conversación crucial entre Jesús y los discípulos:

---

1 William Perkins. *A Godly and Learned Exposition upon Christ's Sermon in the Mount.* (Una exposición piadosa y erudita sobre el Sermón del Monte). Kindle, 2019.

"Felipe le dijo:

—Señor, déjanos ver al Padre y con eso nos basta.

Jesús le contestó:

— ¡Felipe! ¿Ya llevo mucho tiempo entre ustedes y todavía no me conoces? El que me ha visto a mí, también ha visto al Padre. ¿Cómo puedes decirme: 'Déjanos ver al Padre'? ¿No crees que yo estoy en el Padre y que el Padre está en mí? Las cosas que yo les digo, no las digo por mi propia cuenta. El Padre que está en mí, es el que hace sus propias obras. Créanme cuando les digo que yo estoy en el Padre y que el Padre está en mí. Y si no, al menos créanme por las obras mismas".

Por si todavía no tienes esto del todo claro, te lo digo de la manera más directa posible:

Tu teología condiciona tu experiencia cristiana.

Condiciona tu adoración y, por lo tanto, afecta toda tu vida.

Contrario a lo que se enseñó y aún se enseña en muchos rincones de la iglesia contemporánea, no existe ninguna manera de experimentar la fe cristiana sin hacer teología.

¿Por qué?

Porque la teología es, lisa y llanamente, nuestra idea, nuestra lógica acerca de Dios. Todos hacemos teología, queramos o no. Incluso los no cristianos, y hasta los ateos, porque decir que "Dios no existe" es una afirmación teológica. Lo que no es, es una afirmación bíblica, y por eso la segunda afirmación, que creo que es fundamental abrazar con precisión, es la siguiente:

Todos necesitamos una teología *bíblica*.

Y la teología bíblica tiene un eje, un epicentro, que es Jesús.

Desde Génesis hasta Apocalipsis, el motivo de la Biblia es Jesús. Su propósito es que te encuentres con Él, para que puedas devolverle con reciprocidad el amor a Dios, y para que de esa manera tu corazón se encienda con la pasión más pura, que es la que emerge de una vida centrada, precisamente, en el dador de la vida.

Lo que creemos acerca de Dios condiciona nuestra forma de encarar la vida cristiana y, de hecho, matiza toda nuestra vida (incluso nuestra "vida secular", si es que existe tal cosa para la genuina experiencia cristiana...).

Esto cala mucho más profundo en nosotros que lo que digamos o cantemos. Si creemos que tenemos un Dios continuamente enojado, inaccesible o indiferente, eso tendrá un enorme impacto en nuestra manera de acercarnos a la vida cristiana. En cambio, si concebimos a Dios como un ser amoroso, accesible y atento, tendremos una experiencia diametralmente opuesta. Por eso, es fundamental que nuestras ideas y nuestra concepción de Dios estén arraigadas no en nuestras percepciones humanas fragmentadas, sino en lo que Él mismo nos revela acerca de su identidad.

De Tailandia al Areópago

Hace algunos años, hice un viaje a Tailandia a dirigir un *focus group* acerca de la evangelización de las siguientes generaciones con reconocidos líderes de distintos continentes. Estando en el hotel, una mañana me encontré desayunando al lado de dos jóvenes empresarios locales que me preguntaron qué hacía ahí. Les respondí contándoles de qué se trataba la conferencia a la que estaba asistiendo. Ambos hablaban inglés bastante mejor que yo, y se notaban muy educados. Luego me aventuré a preguntarles acerca de la religión en Tailandia. Uno me dijo que pertenecía a una variante de la mayoría budista, y el otro me dijo ser de la minoría musulmana. Luego de un rato de conversación, el musulmán, con un tinte secularista, me dijo: "Pero todas las religiones son similares...", y pasó a explicarme lo que él creía: "Es como que Dios está arriba de una montaña. Unos lo llamamos Alá, y otros creemos que es el nirvana (que en el budismo es más bien un estado ideal que una persona), y todos tenemos caminos diferentes para llegar a él, pero básicamente todas las religiones son iguales".

OXÍGENO

Me sorprendió escuchar eso de un musulmán, y respetuosamente le respondí que en un sentido estaba de acuerdo con que todas las religiones son iguales, incluso la "religión cristiana", porque todos son esfuerzos humanos de llegar a una deidad, pero que no es así en el caso del "cristianismo bíblico" (llegó la hora de que al menos los cristianos entendamos que no es lo mismo que "la religión cristiana"), ya que lo que este enseña no es que debemos subir esforzadamente una montaña para llegar a Dios, sino que Dios bajó de la montaña y se hizo un bebé en un establo mucho antes de que nosotros hiciéramos nada.

Muy lejos de Tailandia, y muchos siglos antes de mi conversación con esos jóvenes tailandeses, en el centro de la actividad política, administrativa, comercial y social de la antigua Atenas, el apóstol Pablo se encontró presentando a Cristo como el Dios de dioses, evocando al "Dios no conocido" de los griegos para hablar de Él.

Es interesante notar que los judíos creían tener el monopolio de Dios, y creían conocerle bien, pero no pudieron discernir la identidad de Jesús, mientras que los griegos habían hecho de su sospecha algo más evidente al dejar un espacio entre sus dioses para ese Dios al que todavía no conocían.
Leamos juntos el relato de Hechos 17:22-31:

"Puesto de pie en el Areópago, Pablo se expresó así:

—Atenienses, he notado que ustedes son muy religiosos, porque al andar por la ciudad hallé que entre todos los altares que poseen hay uno con la siguiente inscripción: 'Al Dios desconocido'. Al Dios que ustedes han estado adorando sin conocer, es al que yo les anuncio.

Ese Dios fue el que hizo el mundo y cuanto en él existe y, por cuanto es Señor del cielo y de la tierra, no habita en templos que el hombre construya, ni necesita que los seres humanos satisfagan sus necesidades, porque él es el que da vida y aliento a todas las cosas. De un solo hombre creó a la humanidad, y luego distribuyó las naciones sobre la faz de la tierra, tras decidir de antemano cuándo y cuáles serían sus fronteras. En todo esto, el propósito de Dios era que las naciones lo buscaran y, quizás palpando, descubrieran el camino donde se le pudiera hallar. Pero él no está lejos de ninguno de nosotros, porque en él vivimos, nos movemos y existimos. Como uno de los poetas de ustedes dijo: 'Somos de la familia de Dios'.

Si esto es verdad, no debíamos pensar que Dios sea un ídolo hecho de oro, plata y piedra esculpida. Dios toleró la ignorancia de la humanidad en el pasado, pero ahora ordena que todos se arrepientan, porque ha establecido un día en el cual juzgará al mundo con justicia por medio del varón que escogió y que acreditó al levantarlo de entre los muertos".

¡Dios tomó la iniciativa de revelarse a nosotros! Él se mudó a nuestro vecindario. Él se acercó primero. Y nosotros podemos amarlo precisamente porque Él lo hizo de manera anticipada (1 Juan 4:19).

Cuanto más lo conocemos, más posibilidades reales y prácticas hay de que lo adoremos genuinamente, y no porque nos guste la melodía de alguna canción, sino porque experimentamos la plena y descansada confianza de expresar un amor genuino y vívido, lleno de libertad.

Una historia de fe

Para cada uno de nosotros se hace necesario entender que la fe es una historia, y la adoración, una historia de fe. Es la poesía de dramas y logros en la danza entre nuestra necesidad y su providencia, y es por eso que el que abracemos una vida de adoración no se reduce a que practiquemos algunos ritos que apetecen nuestros gustos sensoriales cuando es el turno de las reuniones o tenemos alguna urgencia. Una vida de adoración es la que pone a la persona más importante del universo en el trono de nuestros pensamientos, aspiraciones y trabajo diario.

El problema es que, así como un conocimiento profundo de la identidad de Dios revelada en Jesús nos invita a una vida profunda, una concepción superficial acerca de Dios nos empuja a una vida superficial, negligente y con la continua sensación de que hay algo importante que no estamos encontrando.

Como el gran teólogo inglés J. I. Packer escribió en su clásico libro *Hacia el Conocimiento de Dios*: "*El que con frecuencia piensa en Dios, tendrá una mente más amplia que el hombre que se afana simplemente por lo que le ofrece este mundo estrecho. El estudio más excelente para ensanchar el alma es la ciencia de Cristo crucificado y el conocimiento de la deidad*". [2]

No hay nada ni nadie que pueda oxigenar nuestros días tanto como el hecho de tener a Dios soplando vida a nuestros pulmones continuamente. Y para asegurarnos de que nuestro Dios es quien Él mismo dice que es, se hace necesario descartar cualquier esquizofrenia entre el Dios de la religión de nuestros antepasados y el retrato fresco de Jesús de los evangelios, que es el que merece y demanda estar en el núcleo de nuestra atención y afecto.

---

2 J. I. Packer. *Hacia el Conocimiento de Dios*. Editorial Unilit, 1997.

Él tiene caminos,
y sobre todo pensamientos,
que para nosotros
son incomprensibles
sin su ayuda.

Dios es santo... lo cual
significa que es
completamente
diferente a nosotros.

No existe ninguna manera
de experimentar la fe
cristiana sin hacer
teología.

Él se acercó primero.
Y nosotros podemos amarlo
precisamente porque Él
lo hizo de manera anticipada.

3

¿DE QUÉ ESTAMOS HABLANDO?

Todos adoramos.

Todo el tiempo.

Aunque no necesariamente adoramos a Dios.

¿Te sorprende esta afirmación?

Es que adorar es asignarle un valor central a alguien o a algo. Por eso, cuando no adoramos al Creador, adoramos algún elemento de su creación. Adorar es, en esencia, la expresión orgánica de qué o quién está en el trono de nuestra alma, y tiene mucho más que ver con lo que hacemos continuamente que con lo que decimos o cantamos en situaciones religiosas.

OXÍGENO

En el capítulo anterior dijimos que la fe es una historia, y la adoración, también. El peso del uso de nuestro tiempo cuenta una historia mucho más elocuente que nuestras palabras, y por eso debemos entender que la adoración es la actividad orgánica del alma, y que algunas de sus formas más evidentes se hacen notables muy lejos de las paredes de los templos.

¿Fuiste a un gran concierto alguna vez? Déjame decirte que la reacción de la gente no es tan diferente en un concierto cristiano que en muchos conciertos seculares. O, *¿qué tal a un estadio de fútbol en alguna final?*

En diciembre del 2022 tuve la oportunidad de ser parte de una fiesta espontánea junto a, literalmente, millones de personas. Era el 18 de diciembre, y se celebraba la final de la copa mundial de fútbol en Qatar, entre Francia y Argentina. Como todos los fans de fútbol del mundo, con mi familia hubiéramos querido estar en el estadio Lusail, en Qatar... pero se me ocurrió que había una segunda mejor opción (más accesible) y era vivir ese momento tan especial en el emblemático obelisco de la ciudad de Buenos Aires. Con Valeria buscamos dos habitaciones en un hotel con vista directa a ese lugar que históricamente es sede de los festejos y manifestaciones más importantes de la Argentina. Como la noche anterior habíamos cenado con algunos amigos, llegamos al hotel de madrugada, y ya nos encontramos con miles de personas cantando y bailando en el lugar, muchas horas antes del encuentro. A las seis de la mañana fuimos despertados por bombas de estruendo, y Sophia, nuestra hija mayor, contó que no pudo dormir por todo el ruido de la fiesta previa entrando por las ventanas.

Mi papá, que en ese momento tenía 88 años, llegó a las nueve de la mañana para ver la transmisión del partido también desde el hotel, antes de que se cerraran los accesos, previendo

ADORAR TIENE MUCHO MÁS QUE VER CON LO QUE HACEMOS CONTINUAMENTE QUE CON LO QUE DECIMOS O CANTAMOS EN SITUACIONES RELIGIOSAS.

la posible fiesta que podría desencadenarse horas después.

Llegadas las doce del mediodía, todos estuvimos pegados a los televisores mirando el partido, hasta que luego de algunas dramáticas horas, Gonzalo Montiel metió el último penal y Argentina salió campeón mundial por tercera vez en su historia, desencadenando una descomunal fiesta en el lugar, que tuvimos oportunidad de presenciar tanto desde las calles como desde las ventanas de nuestras habitaciones. Era una vista espectacular. Millones de personas de fiesta, hasta donde los ojos te permitían ver.

¿Qué estaba sucediendo allí?

Millones de personas estaban demostrando su capacidad de adoración, y a su vez la adoración estaba demostrando su capacidad de unir como ninguna otra fuerza. Por cerca de un mes, la atención de todo un pueblo se había enfocado en los acontecimientos deportivos en Qatar, y el afecto comunal hacia su equipo había derribado barreras culturales y económicas, haciendo que personas de todos los sectores sociales, políticos y religiosos pudieran expresar juntas su pasión por el país y por el fútbol, y su alegría de haber ganado.

¿Te imaginas lo que sucedería si más y más personas lográramos que nuestro foco y el núcleo de nuestro afecto fuera el único Dios cuya sustancia es el amor?

Creados para YHVH

Todos adoramos todo el tiempo, y somos bastante buenos para hacerlo... excepto que solemos no ser conscientes de que lo estamos haciendo. A lo largo de la historia, la humanidad ha creado billones de pequeños ídolos. Cada cultura, nación, etnia y generación ha creado sus pequeños dioses. La pregunta que surge entonces es: ¿por qué no podemos evitarlo? Y la respuesta es contundente: porque fuimos creados para adorar.

Desde que nacemos, todos anhelamos ser parte de algo más grande que nosotros mismos. Estar conectados. Encontrar un propósito y un sentido de transcendencia. No somos felices simplemente sobreviviendo o concibiendo la

NUESTRAS ALMAS SE NUTREN DE SU GLORIA Y MUEREN DE INANICIÓN CUANDO PERMANECEN ENFOCADAS EN PERSONAS Y REALIDADES PASAJERAS E INFERIORES.

vida como un accidente biológico. Anhelamos un encuentro teológico, y lo hemos expresado desde siempre, de miles de maneras. ¿Por qué? Porque en el fondo sospechamos que somos preciosos para Dios, y que Él lo es para nosotros. Nuestras almas se nutren de su gloria y mueren de inanición cuando permanecen enfocadas en personas y realidades pasajeras e inferiores.

Dios te busca a diario. Cada amanecer y cada atardecer

son expresiones de su misericordia que se renueva (Lamentaciones 3:22-23). Son recordatorios de nuevas oportunidades para volver a respirar más y mejor de su gracia. Pero atención. Es importante hacer un hallazgo conceptual: para inhalar el oxígeno hasta lo más profundo de nuestros pulmones, necesitamos pensar en respirar, y no tan solo respirar sin pensar. Esto tiene todo que ver con lo que vamos a explorar en los siguientes capítulos...

Ahora, piensa conmigo: *¿Será posible confiar en Dios de manera exagerada?* Quizás recuerdes al profeta Isaías. Él descubrió que siempre podemos confiar en Dios un poco más. Para los profetas bíblicos, teniendo en cuenta su contexto, hablar en nombre de Dios era realmente peligroso. Como resultado, las historias de muchos de ellos parecen reportes de guerra. Sus palabras eran audazmente contraculturales, y los receptores de sus mensajes acostumbraban a enojarse con los mensajeros. El desierto y la soledad eran sus escondites, y la desnudez y las lágrimas sus compañeras. (*Bastante diferentes a los profetas contemporáneos, que se la pasan elogiando y confirmando las aspiraciones de sus oyentes, ¿cierto?*).

Pero volviendo al tema, el profeta Isaías tenía estas características, pero también fue un profeta distinto. Este profeta de profetas del Antiguo Testamento fue diferente a sus colegas ya que los profetas de las generaciones anteriores eran personas más simples. La mayoría de ellos eran granjeros o pastoreaban ovejas. Pero Isaías era lo que podríamos llamar un "profeta urbano". Él conocía de ciencias políticas, tenía acceso a la corte real, y sabía dirigirse a príncipes y reyes. Isaías estaba dispuesto a sufrir la soledad, el desierto y las consecuencias de sus verdades, pero también sabía discernir los momentos, y fue lo suficientemente sagaz como para luchar contra la hipocresía, la injusticia y la opresión durante cuatro décadas bajo distintos reyes. Por eso el libro de Isaías es, de todo el Antiguo Testamento, el que con mayor claridad nos habla sobre la identidad de Jesús.

En el capítulo 6 de su libro, encontramos que la vida de Isaías tiene su momento más extraordinario, y justamente ocurre cuando adquiere un nuevo entendimiento de qué es la verdadera adoración, y aprende a confiar en Dios un poco más. Exploremos con atención su testimonio:

«El año de la muerte del rey Uzías, vi al Señor excelso y sublime, sentado en un trono; las orlas de su manto llenaban el templo. Por encima de él había serafines, cada uno de los cuales tenía seis alas: con dos de ellas se cubrían el rostro, con dos se cubrían los pies, y con dos volaban. Y se

decían el uno al otro: "Santo, santo, santo es el SEÑOR Todopoderoso; toda la tierra está llena de su gloria." Al sonido de sus voces, se estremecieron los umbrales de las puertas y el templo se llenó de humo. Entonces grité: "¡Ay de mí, que estoy perdido! Soy un hombre de labios impuros y vivo en medio de un pueblo de labios blasfemos, ¡y no obstante mis ojos han visto al Rey, al SEÑOR Todopoderoso!" En ese momento voló hacia mí uno de los serafines. Traía en la mano una brasa que, con unas tenazas, había tomado del altar. Con ella me tocó los labios y me dijo: "Mira, esto ha tocado tus labios; tu maldad ha sido borrada, y tu pecado, perdonado." Entonces oí la voz del Señor que decía: —¿A quién enviaré? ¿Quién irá por nosotros? Y respondí: —Aquí estoy. ¡Envíame a mí!».

(Isaías 6:1-8 NVI)

No es en el capítulo primero de su libro que Isaías ve a Dios excelso y sublime. Es ahora, en este pasaje. A pesar de que ya era profeta y de que ya había estado hablando en nombre de Dios, es en este capítulo que Isaías entra a una nueva dimensión de su conocimiento de Dios y de su plan para él.

En su clásico libro *La santidad de Dios*, R. C. Sproul destaca, en referencia a este capítulo, que la palabra

"SEÑOR" aparece en mayúsculas en este pasaje porque allí no dice "Adonai", que significa soberano, como dice en otros capítulos, sino que se usa el nombre con el que Dios se reveló a Moisés. Ese nombre que en el original hebreo no tenía vocales y no podía ser pronunciado. Ese nombre que los biblistas llaman tetragrama (cuatro letras): YHVH, y que era el nombre más excelso desde la concepción judía, y al que recién en siglos más recientes, para que pudiera pronunciarse, le agregamos las letras EOA de "Jehová", o las letras AE de "Yahveh".

¡DIOS ES INFINITAMENTE SANTO! SU SANTIDAD NO TIENE SOMBRA, NI LÍMITE, NI FRONTERA.

Según la tradición judía, YHVH es la tercera persona del imperfecto singular del verbo *ser*, significando por lo tanto "Él es". Dios es. Es Dios.

Y vemos cómo en el capítulo 6 Isaías por fin se deja seducir por esta idea: YHVH quiere encontrarse conmigo y ser el foco de toda mi atención y afecto. En ese instante Isaías entiende que su prioridad debe dejar de ser lo que él "hace y dice" para Dios. Ahora la prioridad pasa a ser directamente Dios, y por eso luego describe que encima del trono hay serafines que, además de volar, se cubren el rostro y los pies.

OXÍGENO

Los serafines son, para la angelología cristiana, símbolos de pureza. Ellos están siempre alrededor del trono, y sin embargo en esta escena vemos que se cubren. *¿Por qué?* Porque son puros, pero no lo suficientemente puros como para mirar la gloria de Dios. Ese regalo necesita más que pureza. Necesita gracia, y eso es precisamente lo que va a experimentar Isaías.

Los ángeles primero cantan: *"Santo, santo, santo es el Señor Todopoderoso; toda la tierra está llena de su gloria".* Según este canto, Dios no solo es "santo". Ni siquiera alcanza con decir que Él es "santo, santo". Dios es *tres veces santo,* y esto para los hebreos equivalía a lo que nuestros oídos modernos entienden cuando empleamos la palabra "infinito". ¡Dios es infinitamente santo! Su santidad no tiene sombra, ni límite, ni frontera. Por eso, al escuchar la declaración de los serafines, hasta los elementos inanimados del cuadro tiemblan, y también tiembla Isaías. Él se reconoce indigno. Revisando su propia conducta, sabe que ha adorado a otros dioses, y entonces grita: *"¡Ay de mí, que estoy perdido! Soy un hombre de labios impuros y vivo en medio de un pueblo de labios blasfemos...".* Por vicios del lenguaje, en el castellano actual ese *"¡Ay de mí!"* puede sonar anticuado o trivial, pero en el hebreo original ¡esa expresión es brutal! Ese *"¡Ay de mí!"* es exactamente lo contrario de "Bienaventurado", y la traducción literal sería "¡Maldito yo!". Isaías sabe que, a pesar de ser un profeta respetado, y de gozar de un buen testimonio, en contraste con la santidad de Dios, él merecería la muerte. *¿Y qué ocurre luego?* El milagro de la gracia.

Uno de los serafines vuela hacia él para tocar sus labios con brasas del altar y declararle: "Tu maldad ha sido borrada, y tu pecado, perdonado". ¡Wow! ¡¿Te imaginas eso?! *¿Y qué puede hacer entonces Isaías?* Decir el nombre del Señor... Ahora, detengámonos un segundo en esa idea.

Al estudiar por algunos años el idioma hebreo antiguo pude aprender que el tetragrama se escribe yod (י), hei (ה), vav (ו), hei (ה), y al ser dicho letra por letra se pronuncia Yod Hei Vav Hei (יהוה) (el hebreo se escribe y se lee de derecha a izquierda, al revés que el español). Y al investigar un poco más, me fascinó enterarme de que, según algunos registros arqueológicos, se sabe que los antiguos rabinos creían que decir el nombre de Dios letra por letra equivalía a lo que comúnmente era considerado la onomatopeya o el sonido de la respiración. En otras palabras, decir יהוה es lo primero que hace un bebé al nacer para vivir, y es lo último que un ser vivo deja de hacer cuando muere. *¿Será por eso que luego de afirmar que había venido para que tengamos vida, y vida en abundancia (Juan 10:10), en el capítulo siguiente Jesús redobló sus palabras diciendo: "...Todo el que vive y cree en mí no morirá jamás..."? (Juan 11:26 NVI)*

OXÍGENO

Dios es el oxígeno que necesitamos para vivir.

Reaprender a respirar

Al comenzar a escribir la trilogía de la cual este libro forma parte, alrededor de mi casa había muchas casas en construcción. Desde hace ya algunos años, el norte de Texas se ha estado llenando de nuevas familias que vienen desde otros estados en los que el costo de vida es más elevado. Como en Texas todavía hay mucho espacio, el precio de las casas es mucho más accesible que en las costas de Estados Unidos o en las grandes ciudades del Norte, como Chicago. Así que cada semana, durante los últimos años, hemos visto nuevas familias llegar a la zona.

El resultado de esto es que hay barrios enteros en construcción que aparecen "de la nada" en pocos meses, lo cual es realmente asombroso pero ha complicado los caminos... Las carreteras y las autopistas de la zona son estrechas, ya que la mayoría fueron pensadas para un entorno rural y no urbano. Por eso también hay ahora mucha inversión en infraestructura y caminos atorados por esfuerzos de construcción.

Aunque todo esto se siente muy estimulante, definitivamente complica el traslado diario hacia las escuelas, el trabajo, los bancos o el supermercado, y el resultado es que, con las interrupciones que esto produce, también aparecen "de la nada" exabruptos de impaciencia y pulmones agitados, como me ocurrió hace unos días cuando me encontré con unos camiones atravesados en el camino por el que debía llevar a mi hijo Max a su escuela, y, aunque salimos temprano, llegamos tarde...

Al regresar a casa, yo había planeado tener un tiempo de oración, algo muy necesario antes de comenzar con varias reuniones en línea que tenía agendadas. Pero noté que estaba frustrado y sin aliento. Esto me llevó a reflexionar y se me hizo claro que tal

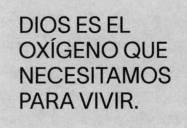

DIOS ES EL OXÍGENO QUE NECESITAMOS PARA VIVIR.

vez deberíamos aprender a aprovechar estos momentos. Y no, no estoy diciendo que debamos celebrar que haya camiones trabajando en el horario de mayor tráfico en vez de en horarios más convenientes, pero sí que podemos aprender a respirar intencionalmente, aun en esos instantes difíciles. No podemos sacar los camiones del camino con nuestros pensamientos, pero sí podemos, en cambio, respirar profundo, recordar quién es el Señor, decirle algo lindo a nuestro hijo que va en el asiento de atrás o al lado, y agradecerle a Dios por ese momento juntos que algún día vamos a extrañar...

OXÍGENO

Y así, de a poco, cada vez entiendo mejor la relación que tiene mi consciencia de adoración con reaprender a respirar y con el hecho de que pueda disfrutar de cada momento de la vida.

Piénsalo de esta manera: la respiración es la actividad primaria de nuestra vida, y no solemos ser conscientes de ella, al igual que no somos conscientes de que buscamos a quién adorar y que este a su vez nos ame. Además, en nuestras vidas posmodernas, también adoramos la productividad y a su amante, la eficiencia. El poder de esta pareja es colosalmente seductor para algunos de nosotros, al punto de que pueden robarnos descaradamente nuestro presente, hasta que un día, en el futuro, nos preguntemos dónde estábamos cuando ciertas cosas que no vuelven estaban sucediendo. Al desacelerar y respirar intencionalmente podemos "readueñarnos" de cada momento.

Debemos recordar que tenemos un gran regalo: el oxígeno que necesitan nuestras vidas. Job pudo sobrellevar las grandes pruebas de su vida debido a que era consciente de esto. En Job 33:4 (NTV) leemos: *"El Espíritu de Dios me ha creado, y el aliento del Todopoderoso me da vida"*.

Él está presente, dándonos vida, gracia y misericordia fresca a cada momento.

4

LA INSURRECCIÓN

La adoración es tan crucial que hay una guerra sin cuartel disputándose en torno a ella. Y una de las batallas que forman parte de esa guerra es por el papel que te toca a ti en la historia.

Comencemos por el principio, aun antes de que el universo como lo conocemos fuera formado, cuando uno de los ángeles más eminentes decidió cambiar el foco de su adoración, porque este es también el principio de tu historia. La narrativa bíblica al respecto es breve pero contundente, y relata que Satanás cayó como un rayo del cielo (Lucas 10:18). Puede que a muchas personas les sorprenda saber esto, pero lo cierto es que antes de su destierro de la morada personal de Dios, la historia de Satanás tuvo comienzos angelicales.

OXÍGENO

En años recientes pareciera que la industria del entretenimiento se ha encargado de superarse a sí misma en lo que respecta a crear monstruos nefastos, y al hacerlo, solo ha colaborado para que la cultura contemporánea imagine a Satanás como si fuera simplemente otro personaje de ficción más, adecuado para asustar a los más pequeños o a los fans de las películas de terror. Sin embargo, el relato bíblico no coincide con la imagen popular acerca del diablo, ya que más que un personaje aterrador es más bien un gran engañador.

La Biblia no nos da una cronología exacta sobre los orígenes de Satanás. Lo que sabemos acerca de los comienzos de Satanás proviene de pasajes escritos por los profetas Ezequiel e Isaías. Si leemos Ezequiel 28:14 e Isaías 14:12, encontramos que Satanás era un ángel conocido como "la estrella de la mañana" o "el lucero del alba" (por eso a veces es traducido como "Lucifer") y que, como ángel, Lucifer caminó sobre el monte santo de Dios y fue ungido para servir a Dios como querubín guardián, es decir, que estaba entre los ángeles con uno de los rangos más altos en el ejército santo de Dios, solo superado por los serafines.

El hecho de que Lucifer fuera ordenado querubín no es una simple mención honorífica. Los querubines ocupan una posición de prominencia celestial, ya que están sentados alrededor del trono de Dios (Isaías 37:16).

La Escritura afirma que Lucifer comenzó como "irreprensible" en todos sus caminos, y como modelo de perfección, lleno de sabiduría y perfecto en hermosura (Ezequiel 28:12-15).

Además, el hecho de que Dios ordenara a Lucifer como querubín demuestra que Dios confió lo suficiente en Lucifer como para darle una posición de poder entre los ángeles celestiales (Ezequiel 28:14).

Pero Lucifer no estuvo satisfecho con los dones y el poder que Dios le había concedido. En cambio, quiso más, y se consumió tanto en el orgullo por el esplendor que Dios le había dado, que se volvió corrupto y engañoso, perdiendo su disposición de servir a Dios (Ezequiel 28:15-17; Isaías 14:13-14). Este sentido de superioridad fue lo que llevó a Lucifer a usar su libre albedrío para tramar un plan para intentar ser más grande que Dios, y a reunir un ejército de ángeles que lo ayudaran a llevar a cabo ese complot (Ezequiel 28:17; Isaías 14:13-14; Apocalipsis 12:7-9).

Una insurrección de la que todavía somos testigos.

El síndrome de Satanás

El pecado de Satanás fue el orgullo de rebelarse contra Dios tratando de quitarle la adoración, que estaba reservada solo para el Señor todopoderoso. Es interesante notar que el orgullo encabeza la lista de pecados que Dios odia (Proverbios 6:16-17), aunque debo decir que creo que en el castellano contemporáneo lo más preciso sería usar la palabra *soberbia*, ya que la Biblia no se refiere aquí al orgullo como lo contrario del autodesprecio.

El orgullo (o la soberbia) que la Biblia condena no se refiere a la satisfacción por un trabajo bien hecho, ni a la seguridad de sabernos capacitados para determinada tarea, ni mucho menos al sentir que somos valiosos para Dios. La soberbia contra la que apunta la Biblia se refiere a una mente que nunca se vuelve hacia Dios, a un corazón que nunca lo busca, y a una absoluta inconsciencia de nuestra necesidad de gracia (Salmos 10:4). ¡Ese es justamente el meollo de nuestra falta de adoración al Señor! Eso es lo que contaminó a Satanás, y es lo que se interpone entre nosotros y la posibilidad de disfrutar de una vida llena de vida.

Hace algunos años, en Madrid, mi querido Philip Yancey me compartió, así como al pasar, una definición de espiritualidad que nunca olvidé. Él la llamó "la consciencia perseverante de nuestra necesidad de Dios, acompañada de la seguridad continua de que contamos con su gracia". Esto es a lo que se refirió Jesús en las bienaventuranzas cuando afirmó: *"Bienaventurados los pobres en espíritu, porque de ellos es el reino de los cielos"* (Mateo 5:3 RVR1960), o como mejor lo traduce la Nueva Biblia Viva: *"¡Dichosos los que reconocen su pobreza espiritual, porque de ellos es el reino de los cielos!"*.

Ahora pensemos en el impacto de la historia de Satanás.

Satanás no estuvo de acuerdo con que solo Dios es digno de completa adoración. Él había visto su gloria y, sin embargo, decidió rebelarse, desencadenando una insurrección que aún hoy sigue cobrándose millones de víctimas. Él decidió cuestionar la supremacía de Dios, por lo que sabemos, al menos en la historia de la tierra, y como no puede detener la acción de la adoración, decidió crear, a través del engaño, millones de ídolos para distraer a los mortales de su necesidad de Dios.

De la misma manera en que desafió a Dios y ocasionó la caída de otros ángeles, Lucifer eligió el camino de la tentación para hacer de los seres humanos una raza caída que continuara luchando permanentemente con una naturaleza de insurrección.

Piensa por un momento: *¿qué es lo que Dios más quiere de ti?* Lo que nadie más en la tierra puede darle en tu lugar: tu adoración. Un amor devoto que luego se traduzca en obediencia (porque, aclaremos, los actos de obediencia son las flores de la planta, no su esencia). De hecho, seguramente habrás notado que hoy en cualquier mercado pueden encontrarse plantas artificiales con flores "mejores" que las reales. El problema es que, aunque tengan flores, no tienen vida, porque no tienen oxígeno, ya que no adoran ni tienen a Dios. Por eso digo que lo de tener flores es solo la parte visible de una realidad interior.

El diablo quiere robarnos la vida (Juan 10:10), y por eso apela a nuestra naturaleza sin Dios, creando un síndrome que continuamente intoxica nuestra vida. Y es que, aunque suene horroroso, si no nos parecemos cada día más a Jesús, nos parecemos más a Satanás

OXÍGENO

Esta palabra que acabo de utilizar, síndrome, se refiere a un conjunto de síntomas que caracterizan un trastorno físico o mental particular. Los síntomas que componen un síndrome pueden variar con el tiempo, e incluso no todos funcionar al mismo tiempo, y esto es lo que sucede en nosotros por causa de la insurrección de Satanás. Por eso en el libro de Romanos, del capítulo 1 al 8 leemos acerca de "el pecado" en singular, y a partir del capítulo 9 en adelante acerca de "los pecados" en plural. El "síndrome de Satanás" es el pecado en nosotros, y los pecados o actos sueltos son simplemente los síntomas sueltos o la consecuencia natural, así como dijimos que los actos de obediencia genuina son las flores de esa vida que Cristo produce en nosotros.

Este síndrome debe ser atacado de cuajo. Debemos arrepentirnos de nuestra naturaleza pecaminosa (Hechos 3:19-20) y ser conscientes de que dentro nuestro se desarrolla una guerra entre dos naturalezas, tal como explicamos en el capítulo 3 del libro *Margen*.

El ego en el altar

Por llamado de Dios he dedicado muchos años de mi vida a estudiar la adolescencia. Prácticamente desde que salí de la mía propia, comencé a trabajar con otros adolescentes evangelizándolos, pastoreándolos y escribiendo libros para ellos.

Luego me di cuenta de que podía ser mucho más útil facilitando que tuvieran mejores líderes en sus iglesias y hogares, así que, en vez de continuar trabajando directamente con ellos, comencé una organización para ayudar a que en las iglesias cristianas haya maestros, líderes, pastores y, sobre todo, padres que sepan interpretar los desafíos de esta etapa para cada ser humano y así puedan servir mejor.

La adolescencia es una etapa muy singular de la vida, ya que es la etapa en la que experimentamos con mayor intensidad nuestras crisis de identidad. Estas crisis no son exclusivas de la adolescencia, y de hecho mi observación es que cuando no las superamos saludablemente en la adolescencia, luego vuelven en algún momento (y eso explica por qué hoy vemos a tantos individuos de 30, 40, e incluso 50 años que quieren verse y comportarse como adolescentes).

En la adolescencia nos surgen algunas preguntas que comienzan a retumbar en nuestra cabeza a diario: *¿Qué piensa la gente de mí? ¿Cuál es mi valor? ¿Dónde es que encajo? ¿Cómo voy a destacarme en la vida? ¿Cuál es mi propósito?* Estas son preguntas de identidad, y lo que muchos no entienden es que la identidad es tanto algo que se descubre como algo que se crea. Es ambas cosas. Y no 50% y 50%, sino 100% y 100%.

La identidad se descubre porque tiene que ver con los designios de nuestro Hacedor. En ella hay materia prima genética y eterna.

57

OXÍGENO

A la vez, la identidad se crea porque es fruto de las decisiones conscientes e inconscientes que vamos tomando. De hecho, la simbiosis entre estas dos realidades produce una armonía única en el concierto de la creación, y de ahí surges tú: alguien maravillosamente singular que puede darle a Dios una adoración que no puede darle ningún otro ser.

¿Qué puede impedirlo? El "síndrome de Satanás" y su espíritu de insurrección.

Creer que nosotros debemos ser el único objeto de nuestra atención y afecto. Pensar exclusivamente con el ego adelante, y llenarnos del temor de no llegar a ser nunca nadie para nadie, intentando, por ende, ser continuamente todo para todos según resulte conveniente en cada ocasión. Todo esto porque no podemos registrar con claridad quiénes somos, con independencia de lo que otras personas (que no son Dios) piensen de nosotros.

Vivir con el ego en el altar es vivir buscando la aprobación de otros y no la aprobación de Dios. Es adorar a dioses cambiantes sin reconocer quién es el verdadero Dios. Es vivir presos de complejos, y alternar continuamente entre lapsos de soberbia y de inseguridad, al igual que cuando éramos adolescentes y teníamos esos picos en los que pasábamos de sentirnos por encima de todos a estar en un pozo de tristeza y temor, todo en una misma tarde y tan solo por la opinión de otro adolescente.

El autosaboteo

En los últimos años, en algunos rincones de las ciencias que estudian el comportamiento humano, están surgiendo preguntas interesantes, como por ejemplo: ¿por qué es que hay tantas personas que parecen tenerlo todo, pero que viven insatisfechas? O, ¿por qué hay tantas personas exitosísimas en algún aspecto de sus vidas, pero que son tan infelices en tantos otros? O, más recientemente, ¿por qué es tan común que alguien con un talento muy notorio alcance prácticamente todas sus metas relacionadas con ese talento, hasta un "momento bisagra" en el que, con un par de malas decisiones, tira todo por la borda y prácticamente aborta su legado? *¿Por qué le sucede esto a tantas personas?*

Robert Kurzban, de la Universidad de Pennsylvania, dice que el cerebro tiene paradojas (a las cuales él llama "modularidad cerebral") debido a que en él conviven, a la vez, creencias mutuamente incompatibles. Él explica que un mismo cerebro puede albergar dos creencias contradictorias sobre una misma cuestión, y esto es porque la mente se compone de partes distintas. *¿No te suena esto a lo que se escribió en la Biblia miles de años atrás acerca de las dos naturalezas?*

De esta manera, la naturaleza caída no puede aceptar nuestro éxito porque continuamente sospecha de nuestras intenciones. Algunos se refieren a esto como otro síndrome, el del impostor, que yo creo que está totalmente ligado al de Satanás, aunque en los ámbitos académicos no lo llamen así. Por haber hecho las cosas con motivaciones egoístas, sentimos vergüenza y sospechamos de nuestras capacidades. Queremos el éxito, pero no creemos que lo merezcamos, y cuando creemos que lo merecemos olvidamos que necesitamos gracia, y así, sea como sea, siempre terminamos atrapados por sentimientos oscuros.

¿Qué debemos hacer entonces?

La puerta de escape dice "Arrepentimiento", y cuando la cruzamos, del otro lado está la adoración genuina al Dios todopoderoso.

Debemos poner nuestro ego en el altar del sacrificio en vez de en el altar de la adoración.

Debemos descansar en que somos quien Dios dice que somos, y fuimos hechos para lo que Él dice que fuimos hechos.

Por supuesto, todos tenemos habilidades y debilidades que debemos administrar con sabiduría, y también con mucha gracia, para su gloria. Debemos vivir conscientes de que tenemos una naturaleza de insurrección, pero confiados en que, mediante esa gracia y con su ayuda, podemos llegar a nuevas libertades del alma para experimentar ese oxígeno que llena nuestras vidas de vida.

Saborea de a poco, como si fuera un postre, este salmo que escribió David luego de su infidelidad con Betsabé:

"Ten compasión de mí, Dios, conforme a tu gran amor. Conforme a tu piedad, borra mis pecados. Lávame de toda mi culpa y límpiame de mi pecado. Porque yo reconozco mi vergonzosa acción; día y noche me persigue. Es contra ti, sólo contra ti, que he pecado, y he hecho lo malo ante tus ojos. Tu sentencia contra mí es justa y tu juicio irreprochable. Porque yo nací pecador; sí, lo soy desde el momento que mi madre me concibió. Tú amas la verdad en lo íntimo, y me enseñas a ser sabio en lo más profundo de mi ser.

Purifícame con hisopo, y volveré a ser puro. Lávame, y seré más blanco que la nieve. Devuélveme mi gozo y alegría; me has quebrantado, ahora déjame gozarme. Aparta tu rostro de mis pecados y borra toda mi maldad. Crea en mí un corazón limpio, Dios, y renueva la rectitud de mi espíritu. No me arrojes de tu presencia. No quites de mí tu santo Espíritu. Devuélveme el gozo de tu salvación y dame anhelo de obedecerte. Entonces enseñaré tus caminos a otros pecadores, y estos volverán a ti. Perdóname por derramar sangre, Dios de mi salvación; entonces gozoso cantaré de tu perdón. Abre mis labios, Señor para que pueda alabarte".

Salmos 51:1-15

El relato bíblico no coincide con la imagen popular acerca del diablo, ya que más que un personaje aterrador es un gran engañador.

Satanás no estuvo de acuerdo con que solo Dios es digno de completa adoración.

¿Qué es lo que Dios más quiere de ti? Lo que nadie más en la tierra puede darle en tu lugar: tu adoración.

La puerta de escape dice "Arrepentimiento", y cuando la cruzamos, del otro lado está la adoración genuina al Dios todopoderoso.

5

LOS HÁBITOS DEL ALMA Y EL LIBRE ALBEDRÍO

Quizás no te consideres una persona disciplinada, o quizás sí…
De todas maneras, quiero que sepas que nadie que me haya
conocido en mi adolescencia hubiera imaginado que un día
yo iba a escribir libros acerca de buenos hábitos y disciplinas
espirituales. La mayoría de mis profesores, e incluso mis
compañeros de estudios o mis amigos de la iglesia, te hubieran
asegurado que yo iba a ser una persona indisciplinada de por
vida. Te lo cuento porque estoy muy agradecido a Dios por nunca
haberles creído, y porque Él me ayudó a cambiar eso en mí.

Hoy ya llevo algunos años estudiando y escribiendo acerca de
los hábitos. Incluso alguien podría decirte que hablar de ellos es
algo recurrente en mí, y estaría en lo correcto. Lo hago porque

creo que nosotros construimos nuestros hábitos y luego ellos nos construyen a nosotros. Es como los templos y las iglesias. La mayoría de los creyentes no tienen idea alguna de cuánto de su concepción de iglesia y de las posibilidades de su congregación tiene que ver con el templo en el que se encuentra semanalmente su comunidad. En muchos casos, las personas juntaron los fondos para construir ese templo, e incluso fueron partícipes físicos de levantarlo, pero luego ese templo los construye a ellos, ya que lo que hacen o no hacen, y lo que sueñan como iglesia, está condicionado (y en muchos casos hasta limitado) por ese templo. Lo mismo sucede con los hábitos y las disciplinas espirituales.

Los hábitos son ritmos que llegan a ser inconscientes. Son disciplinas que se han automatizado, aunque prefiero llamarlas "hábitos" porque hoy en día confundimos la palabra "disciplina" con "castigo", y ese no es solamente un error lingüístico sino conceptual, ya que el castigo tiene que ver con una compensación del pasado y, en cambio, la disciplina tiene que ver con mejorar el futuro.

En el libro *Margen* vimos algunas apreciaciones generales muy valiosas acerca de los hábitos, como el hecho de que son "apilables", es decir, que son más fáciles de crear o de cambiar cuando la acción deseada se relaciona con un hábito que ya tenemos. También hablamos de los ciclos circadianos, y de cómo nuestras fisiologías están predispuestas para algunas rutinas en particular. En *Influencia*, el otro libro de esta trilogía, hay un capítulo que explora cómo el uso de nuestra energía física, mental y espiritual debe tomar en cuenta los diferentes cronotipos, ya que todos tenemos disposiciones diferentes para el manejo del día. Así podremos superar la procrastinación (que es una palabra fea y complicada con la cual se hace referencia a la improductividad que surge de no hacer las cosas en el momento en que hay que hacerlas, postergándolas o difiriéndolas para más adelante). Pero en este libro quiero explorar la

NOSOTROS CONSTRUIMOS NUESTROS HÁBITOS Y LUEGO ELLOS NOS CONSTRUYEN A NOSOTROS.

relación de los hábitos con la adoración de nuestras almas, y para ello necesitamos ir hacia atrás para ver cómo surgen...

Elecciones

Otra razón vital de por qué la adoración salpica toda nuestra realidad es que, de a poco, vamos asemejándonos a aquello que adoramos.

Cada uno puede adorar lo que quiera, pero hay un efecto colateral escondido allí, y es que lo que valoramos, lo imitamos, y lo que imitamos, en eso nos convertimos.

OXÍGENO

Si adoras el dinero, este llenará tu corazón de codicia. Si adoras cosas, tu concepción de la vida se tornará materialista, e intentarás que las personas (incluido Dios) funcionen para favorecer tu acumulación de cosas. Si adoras el placer, el placer consumirá tus capitales, o una adicción consumirá tus capacidades.

¿Esto significa que está mal querer cosas? No.

El problema no son las posesiones, los títulos, la fama o el dinero; tampoco lo es el trabajar para tenerlos. El problema es dejar que te gobiernen. El problema es que se sienten en el trono de tu vida. Por eso, continuamente tenemos que elegir protegernos de esta tendencia germinal, de la vieja naturaleza. Y es para eso que existen las disciplinas espirituales. Su propósito es que se conviertan en ritmos y hábitos del alma que adora solamente a Dios... y esto hay que elegirlo cada día.

Continuamente.

Y en la medida en que lo vuelves y lo vuelves a elegir, se convierte en un hábito.

Y te convierte en alguien que adora al Creador y no a su creación.

Respira...

Bien, ahora reflexionemos sobre el concepto de "libre albedrío".

...

Sin él no habría adoración.

No habría amor.

No podríamos cumplir el gran mandamiento.

Sería imposible.

Y esa es la gran razón del drama del Génesis.

LO QUE VALORAMOS, LO IMITAMOS, Y LO QUE IMITAMOS, EN ESO NOS CONVERTIMOS.

¿Nunca te preguntaste por qué Dios puso el árbol del bien y del mal en el jardín del Edén en Génesis 2? ¡Lo hizo por amor, y para que su amor fuera correspondido! Si Adán y Eva no hubieran tenido esa posibilidad, no solo no hubieran tenido la posibilidad de desconfiar de Dios,

sino que tampoco hubieran tenido la posibilidad de confiar en Él...

Y esto todavía llega a nosotros.

Cada día tenemos la posibilidad de confiar en Él, o no. De amarle, o no. De adorarle, o no. Porque si no tuviéramos esa posibilidad, eso implicaría que no estaríamos hechos a su imagen y semejanza (Génesis 1:26), es decir, con voluntad.

¿Te das cuenta de cuán teológico es lo que estamos conversando?

Por eso me da tanta tristeza cuando algunos reducen la adoración a una cuestión de cantos, o peor y más infantil aún, de estilos musicales. Esa es una dimensión microscópica comparada con lo que es realmente la adoración, y por eso escogí el tema de este libro, porque no soy cantante pero si soy un adorador, y estoy completamente decidido a que el sujeto y el predicado de mi adoración sea el Señor todopoderoso revelado en Jesucristo, y que lo sea para la mayor cantidad posible de personas que pueda afectar, por su bien y por el bien colectivo, ya que si somos más y más personas poniendo a Dios primero, habrá más personas amando con generosidad, perdonando sin reparos y pintando de colores este mundo gris.

Nuestra alma tiene sed

Como describí en el libro *Stamina*, por los gajes de mi oficio de viajar para equipar a líderes cristianos, continuamente me topo con personas que parecen haberle bajado los brazos a su desarrollo espiritual. Y no me refiero a lo que se nota en un escenario religioso. Me refiero a líderes malhumorados que no exhiben entusiasmo casi por nada, a menos que tengan una cámara adelante. A líderes que no se comprometen con nada que no sume a sus aspiraciones personales. Cuando noto eso, sospecho que más allá de que puedan llegar a tener una buena "performance" en público, tienen poco oxígeno de adoración a Dios en sus pulmones.

> **CADA DÍA TENEMOS LA POSIBILIDAD DE CONFIAR EN DIOS, O NO. DE AMARLE, O NO. DE ADORARLE, O NO.**

No hablo de personas dedicadas a la inmoralidad, sino de pastores agitados y agotados, de padres rendidos, de jóvenes cínicos, y de líderes cansados y estancados.

A muchos de nosotros, y en más de una ocasión, debería pegarnos un sacudón en la conciencia ese adjetivo que vemos en el libro de Apocalipsis refiriéndose a la iglesia de Laodicea (Apocalipsis 3:14-16). Me refiero a la palabra "tibio".

Juan lo relaciona con perder el primer amor, es decir, no con malas conductas externas específicas, sino con una realidad interior. Por eso creo que se hace indispensable responder las siguientes preguntas:

¿Cuáles son los hábitos que sirven para recuperar un amor perdido? O, en el matiz de lo que estamos dialogando, ¿cómo podemos reenfocar nuestra adoración para que sea una bocanada continua del oxígeno de Dios en nuestras almas?

Yo estoy cada vez más convencido de que una de las razones por las cuales muchos dejamos de desarrollarnos espiritualmente es porque en demasiados círculos cristianos solo gravitamos alrededor de una espiritualidad demasiado extraterrestre, y que solamente tiene que ver con lo externo. Lo irónico de esto es que esta "espiritualidad de apariencias" es a la vez increíblemente terráquea, porque se parece muchísimo a lo que aspira el mundo en cuanto a producir reacciones de admiración popular. Creemos que la santidad o la adoración se limitan exclusivamente a las conductas cúlticas y visibles. No percibimos su relación con los vicios del corazón, y así vamos perdiendo el foco. En lugar de concentrarnos en direccionar la atención y el afecto de nuestros corazones hacia Dios, lo vamos reemplazando con conductas externas que otros pueden alabar, y que usualmente tienen que ver con los talentos que ya celebra el mundo.

Observa a tu alrededor. Seguramente podrás notar cómo algunos sermones, algunas canciones y muchos posteos en las redes sociales dan a entender, sin decirlo explícitamente, que ser espiritual es sinónimo de hablar siempre con versículos exitistas y pronosticar maravillas para todos todo el tiempo (con muchos amenes asegurados), y que los espirituales son esas personas que no miran series de TV, tienen a sus hijos siempre impecables, y cuando oran, siempre están al borde de las lágrimas, y cuando cantan, siempre terminan arrodillados.

¿Creo yo que tengan algo de malo esas expresiones o conductas? ¡Claro que no! Pero fíjate que son todas cosas fáciles de ver y de aparentar, y eso me lleva a otra pregunta: *¿habrá una espiritualidad que no demande expresiones histriónicas a la vista de otros, pero que de verdad oxigene nuestras vidas?* ¡Claro que sí! Y qué interesante es saber también que esas disciplinas espirituales practicadas por siglos reciben hoy una confirmación científica, ya que independientemente de la religión, la comunidad médica ya sabe de los beneficios de la oración, la meditación, el descanso, la comunidad y la búsqueda de consejo sabio.

A través de las disciplinas espirituales, Cristo libera en nosotros un poder que no sabíamos que teníamos, una esperanza de futuro que activa nuestro presente, una capacidad de vida que se sostiene con resiliencia a pesar de cualquier tormenta, y la posibilidad de recuperarnos cuando creíamos que estábamos completamente derrotados, alineando nuestra identidad con los designios perfectos de Dios.

OXÍGENO

Nuestra alma tiene sed de intimidad con nuestro hacedor, y las disciplinas espirituales proveen a nuestras vidas los escenarios ideales para que nos concentremos en su identidad y su amor, igual que una cena a la luz de las velas para dos amantes.

Acciones

Si hay algo con lo que la civilización contemporánea ha sido seducida en los últimos años es con las pantallas. Millones de personas miramos millones de pantallas a diario durante incontables horas, y esto no puede *no* tener un impacto colectivo en nuestros inconscientes. Lo que yo sospecho es que esta constante sobreexposición a las pantallas ha generado en nosotros una "cultura de público".

Somos público, audiencia, y no protagonistas.

Miramos. Evaluamos. Hablamos de lo que se hizo, pero no hacemos.

Estamos, si podemos, nosotros también en una pantalla, porque también queremos tener público. Pero principalmente consumimos. Y votamos, criticando o dando *likes*.

Mientras tanto, ¿te has dado cuenta de que ninguno de nosotros es el principal protagonista de nuestros temas de conversación?

Todo esto ha terminado de solidificar una religión de momentos cúlticos, en la que nos acostumbramos a ser público en vez de protagonistas, y a priorizar lo que se ve desde afuera, en lugar de desarrollar una vida espiritual de acciones privadas, diarias y cotidianas, y de hacernos plenamente conscientes de la presencia y la centralidad de Cristo en nuestras vidas.

Por esta razón, quiero invitarte ahora a que consideremos cómo hacer más tangible la presencia de Dios y el señorío de Cristo en nuestras vidas, para que podamos dejar de ser público y pasar a ser protagonistas de esa adoración en espíritu y verdad a la que se refirió Jesús:

"Pero se acerca la hora, y ha llegado ya, en que los verdaderos adoradores rendirán culto al Padre en espíritu y en verdad, porque así quiere el Padre que sean los que le adoren. Dios es espíritu, y quienes lo adoran deben hacerlo en espíritu y en verdad".

Juan 4:23-24 NVI

6

LA PRÁCTICA DE SU PRESENCIA

Cuando Jesús se hizo carne en la narrativa humana, trajo luz sobre temas que habían estado a oscuras durante por lo menos los dos mil años previos de la historia de las civilizaciones, y que ni siquiera la religión judía había podido resolver. El principal era el problema del pecado. Contrario a lo que básicamente todas las religiones habían enseñado hasta ese momento, el mensaje de Cristo no era algo que "se tenía que cumplir para evitar maldiciones", sino una realidad espiritual en la que esencialmente se podía creer para lograr la salvación, y de la que emergía un nuevo estado interior que creaba una más pura percepción de la realidad para los seres humanos.

OXÍGENO

Todas las religiones y filosofías humanas pretendían, como camino, cambiar los escenarios. El evangelio de este Jesús, por el contrario, pretendía cambiar los ojos para interpretar los escenarios desde otra mirada, y luego transformarlos como consecuencia de esa mirada distinta.

Una práctica extraordinariamente ordinaria

Quizás alguna vez escuchaste hablar del hermano Lorenzo. Escribí sobre su historia por primera vez hace algunas décadas, en un pequeño libro para adolescentes. Su historia capturó mi consciencia desde que supe de ella, y ya no recuerdo cómo fue que la escuché por primera vez, aunque sí recuerdo que cuando yo tenía unos 20 años me compré un librito sobre esta historia en una librería católica (ya que en ese entonces no se encontraba en ninguna librería protestante, algo que gracias a Dios ha cambiado).

La historia no la cuenta el mismo Lorenzo, sino un amigo con quien se escribe cartas, llamado José de Beaufort. Su primera conversación relata la primera vez que Lorenzo, a los 18 años, comenzó a percibir la presencia de Dios, diciendo: *"En el invierno, al ver un árbol ya sin hojas y considerar que al poco tiempo sus hojas serían renovadas y que después aparecerían sus flores y frutos, recibí una visión de la providencia y del poder de Dios que nunca más se ha borrado de mi alma".*

A sus 24 años ingresó a un monasterio en París, donde comenzaron a llamarlo "hermano Lorenzo de la Resurrección". Al llegar fue asignado a la cocina y luego de varios años se dio cuenta de que, si su situación exterior no cambiaba, debía cambiar su percepción interior. A partir de entonces pasó sus días cultivando su sensibilidad a la presencia de Dios en la vida cotidiana.

En una carta que José comparte, Lorenzo escribió:

"Encontré en algunos libros métodos sobre cómo ir a Dios, pero había algo que esos libros y yo no estábamos entendiendo, porque lo que yo estaba buscando no era otra cosa que no fuera ser completamente de Dios, y esto hizo que me decidiera a darle toda mi atención a Dios en mi situación.

Así que le di mi vida enteramente a Dios, y empecé a vivir como si Él estuviera conmigo continuamente en vez de intentar llegar a Él. Algunas veces me consideraba como frente a un juez y otras como frente a un padre bueno, y de a poco fui haciéndome cada vez más consciente de su presencia, adorándole una mayor cantidad de veces, al punto de que hice de esto mi ocupación principal en mis tareas cotidianas, más allá de los ejercicios oficiales de oración del monasterio.

Tal ha sido mi práctica, aunque lo he hecho con muchas

*imperfecciones, y por eso debe ser atribuido a su
misericordia. Sin Él nada podemos hacer, y yo menos que
todos. Sin embargo, lo que descubrí es que cuando somos
fieles en guardarnos en su santa presencia y en ponerlo a Él
siempre delante de nosotros, eso impide que podamos hacer
algo que pueda desagradarle, al menos intencionalmente, y
engendra en nosotros una libertad santa".*

El respetadísimo profesor de Yale y Harvard, autor del
libro *El Regreso del Hijo Pródigo*, Henri Nouwen, escribió
lo siguiente en el prefacio a una de las tantas ediciones del
libro de la historia de Lorenzo en inglés:

*"Cuando estuve expuesto a sus pensamientos por primera
vez, parecían simples, incluso algo ingenuos y poco realistas,
pero cuanto más reflexionaba sobre el consejo de Lorenzo me
di cuenta de que no se trataba de una buena idea para un
monje del siglo XVII, sino de un desafío muy práctico para
nuestra situación de vida actual".*

Es de lo que hablaba Pablo en la escena que ya citamos
al comienzo de este libro. En el capítulo 17 del libro de
Hechos, vemos que Pablo dice:

> *"Ese Dios fue el que hizo el mundo y cuanto en él
> existe y, por cuanto es Señor del cielo y de la tierra,
> no habita en templos que el hombre construya".* (v. 24)

"...él no está lejos de ninguno de nosotros, porque en
él vivimos, nos movemos y existimos...". (v. 27-28)

Y es que esta filosofía conceptual viene desde el principio, y
aunque millones de cristianos contemporáneos no tengamos
esto demasiado claro, ¡está por toda la Biblia!

En Génesis 3:8, cuando Adán y Eva escucharon los pasos de
Dios caminando en el jardín, sabiendo que habían pecado,
se escondieron de la presencia del Señor Dios entre los
árboles. La palabra hebrea para "presencia" es פָּנִים, que
es también sinónimo de "rostro", y connota una relación
personal, como lo que significaría decir "cara a cara" en
nuestro idioma hoy.

Cuando Abraham fue llamado por Dios en Génesis 12, no
sabía a dónde ir. No tenía un mapa ni ninguna dirección
detallada. Sin embargo, la presencia de Dios fue su mapa,
su guía y su provisión. La presencia de Dios con él fue el
oxígeno de toda la asombrosa historia del padre de la fe,
e incluso en Hechos 7:2 leemos a Esteban diciendo que la
historia del Abraham comienza cuando se hace consciente
de la presencia de Dios con él.

Moisés se encontró con la presencia de Dios en un arbusto
en llamas en Éxodo 3, y toda su aventura de liberación tuvo
que ver con seguir la presencia de Dios revelada en una
nube de día, y en una columna de fuego de noche.

OXÍGENO

Samuel también percibió la presencia de Dios desde muy pequeño (1 Samuel 3:1-20), y de hecho su madre lo había dejado en el santuario para que estuviera en la presencia de Dios, "cara a cara", durante toda su vida (1 Samuel 1:25-28).

Lo importante que debemos entender aquí es que la presencia de Dios no se limita a lo que sucede en un edificio religioso. Su presencia se manifiesta dondequiera que Él esté, y eso es en todas partes, todo el día y todos los días. Por eso, capturar esta verdad es fundamental para que nuestro corazón redireccione correctamente su atención y afecto, es decir, su adoración.

Claro, la presencia activa de la Trinidad debiera resultarnos especialmente evidente cuando la iglesia se reúne, ya que tanto el Antiguo como el Nuevo Testamento hablan de la realidad de la presencia de Dios entre su pueblo cuando estamos juntos (Éxodo 29:43 y Juan 14:23), pero al revisar la conceptualización bíblica de la presencia de Dios, no quedan dudas de que su presencia está continuamente con nosotros, así como el oxígeno que respiramos en este planeta.

La presencia de Dios no solo es extraordinaria. También es ordinaria desde un sentido de accesibilidad, y eso es maravilloso.

Dios está presente en los pequeños detalles. Nace en establos. Está en los valles de sombra de muerte, y no solo en los montes donde quisiéramos hacer una enramada. Su presencia está en los momentos cotidianos, y no solo en los grandes sucesos. Por eso te confieso que me da algo de tristeza cuando veo que en tantos eventos cristianos se da la idea de que hay que "bajar" la presencia de Dios, porque ese es un pensamiento basado en el conocimiento de Dios que teníamos antes del Nuevo Testamento y que es igual al concepto de Dios que observamos en la gran mayoría de las religiones antiguas.

El tabernáculo, el pan y el vino

Una mirada más atenta a lo que la Biblia dice acerca de la construcción del templo de Jerusalén confirma la idea de que la presencia de Dios no puede encerrarse. Es bueno que tengamos en claro que esa fue la intención de Dios desde el principio. Contrariamente a la creencia popular, por ejemplo, el relato bíblico en 1 Reyes 5 al 7 exhibe que el templo no fue idea de Dios sino de David, y una concesión a su hijo Salomón. Al leer estos capítulos te das cuenta de que verso tras verso va diciendo lo que hizo Salomón, y no lo que pide Dios. En contraste, al leer acerca de la construcción del tabernáculo en Éxodo 25 y 26, sí salta a la luz que las instrucciones vienen de parte de Dios.

OXÍGENO

¿Cuál es la diferencia?

El tabernáculo es una tienda que sigue la presencia de Dios, mientras que el templo es un lugar construido en piedra que da a entender que Dios está allí encerrado. El mismo Salomón lo reconoce en la dedicación de su templo, diciendo en 1 Reyes 8:27:

> *"... ¿es posible que Dios pueda vivir en la tierra? Si los cielos, los cielos de los cielos, no te pueden contener, mucho menos este templo que yo he edificado".*

Pensemos ahora en la Cena del Señor (o la mesa de la Comunión, según cómo la llamen en tu tradición), que es la única liturgia que Jesús dejó explícitamente a sus discípulos. Los elementos centrales son el pan y el vino, que no podemos perder de vista que son universalmente símbolos del trabajo y el placer.

¿Por qué Jesús quiere que lo recordemos al compartir estos símbolos?

Es muy difícil no responder que es porque quiere que lo recordemos en el trabajo y en el placer.

Estos símbolos son un recordatorio físico de que el Creador del universo es el sustentador de la existencia humana, así como un recordatorio de que la presencia de Dios, su rostro, es tan accesible como el pan, y da placer y gusto a la vida como el vino. Así que la presencia de Dios es tanto extraordinaria como ordinaria y, de hecho, para corroborarlo hay que destacar un detalle más:

¿Te pusiste a pensar desde dónde Jesús nos dejó esta práctica sagrada?

No fue desde un templo, sino desde una ordinaria mesa, en un lugar que nadie hubiera sospechado que era sagrado... excepto que lo era, porque allí estaba Jesús.

Imago Dei

Hace algunos siglos atrás, cuando todavía el latín era utilizado en los ámbitos académicos, se popularizó la costumbre de que, al reflexionar sobre el hecho de que el ser humano portaba la imagen de Dios (como describe el relato de la creación en Génesis 1:27), se lo hiciera en ese idioma. Por eso muchos libros clásicos de teología todavía hacen referencia al *"Imago Dei"*, la imagen de Dios.

El concepto doctrinal básico de este texto es que los seres humanos fuimos creados con racionalidad, voluntad y responsabilidad. Tenemos la capacidad de generar concepciones abstractas del mundo natural, creando ideas, y esta es una cualidad que refleja la personalidad divina de Dios (lo cual suena muy elogioso desde un sentido individual, aunque no pareciera que lo tengamos tan claro en un sentido comunitario y colectivo).

¿Tenemos la capacidad de ver el Imago Dei en el otro?

Cada ser humano porta atisbos de Dios, y yo creo que es por eso que en su única descripción del día del juicio, Jesús dijo algo como esto:

> *"Cuando yo, el Hijo del hombre, venga en todo mi esplendor junto con los ángeles, me sentaré en mi trono de gloria y las naciones se reunirán delante de mí. Y las separaré como el pastor separa las ovejas de los cabritos. A mis ovejas las pondré a la mano derecha; a los cabritos, a la izquierda.*

> *Entonces yo, el Rey, diré a los de mi derecha: 'Vengan, benditos de mi Padre. Entren al reino que está preparado para ustedes desde la fundación del mundo, porque tuve hambre y me dieron de comer; tuve sed y me dieron de beber; fui forastero y me alojaron en sus casas; estuve desnudo y me vistieron; enfermo y en prisión, y me visitaron'.*

> *Y los justos me preguntarán: 'Señor, ¿cuándo te vimos con hambre y te alimentamos, o sediento y te dimos de beber? ¿Cuándo te vimos forastero y te alojamos en casa, o desnudo y te vestimos? ¿Y cuándo te vimos enfermo o en prisión y te visitamos?'.*

Yo, el Rey, les responderé: 'Todo lo que hicieron a mis hermanos necesitados a mí me lo hicieron'.

Entonces me volveré a los de la izquierda y les diré: '¡Apártense de mí, malditos, al fuego eterno preparado para el diablo y sus demonios! Porque tuve hambre y no me alimentaron; sed y no me dieron de beber; cuando fui forastero, me negaron hospitalidad; estuve desnudo y no me vistieron; enfermo y en prisión, y no me visitaron'.

Ellos responderán: 'Señor, ¿cuándo te vimos hambriento, sediento, forastero, desnudo, enfermo o en prisión y no te ayudamos?'.

Y les responderé: 'Cada vez que se negaron a ayudar a uno de mis hermanos necesitados, se estaban negando a ayudarme'".

Mateo 25:31-45

¡No podrás negar que esta es una descripción increíblemente dramática de este acontecimiento futuro!

Mi amigo Loly, que mientras escribo estas páginas suele preparar la logística del transporte y hospedaje de los partidos amistosos de la selección Argentina de fútbol, hace algunos años era parte activa en la preparación de nuestros eventos de e625.com para líderes en la ciudad de Mendoza, cerca de la frontera entre Argentina y Chile.

OXÍGENO

En cierta ocasión se quedó en un centro de rehabilitación para jóvenes con adicciones en esa ciudad. Desde allí me envió un email contándome que la noche anterior estaba trabajando muy tarde en el escritorio de entrada cuando tocaron el timbre y golpearon a la puerta. Al abrir vio que era un policía y que detrás de él había otro con un joven que obviamente venía de alguna pelea. El primer policía le explicó que había habido un concierto de rock en la ciudad el cual había terminado con una batalla campal de piedras y botellas, y que la estación de policía ya estaba colmada de tantos jóvenes por lo que tenían que dejar a este en el centro de rehabilitación, y que además este joven ya había estado en el centro antes. Mi amigo, sorprendido, le explicó al policía que él solo estaba de paso. El policía le pidió entonces que llamara al director para recibir instrucciones, y así lo hizo.

Preocupado y algo asustado por el muchacho, que obviamente estaba afectado por la pelea y probablemente también por drogas, Loly comenzó a orar con los ojos abiertos mientras seguía interactuando con el policía y llenando unos formularios con los datos del joven. Cuando al fin se quedó solo con él, nuevamente algo inesperado pasó. Recuerdo leer estas palabras en el email de Loly: "Sentí que debía abrazarlo", a lo que luego agregó algo más extraño todavía. Me dijo que no sabía cómo había sucedido, pero que al hacerlo "sintió que estaba abrazando al mismísimo Jesús".

La presencia de Dios también tiene que ver con el *Imago Dei*, y traer esta verdad a un estado de consciencia tiene mil implicaciones.

¿Te imaginas cómo sería el mundo si al menos todos los cristianos tratáramos a todas las personas como trataríamos a Jesús?

Yo confieso estar súper lejísimos de esto. Sin embargo, como el hermano Lorenzo y otros, me animo a decir, con mucho agradecimiento, que al menos estoy más cerca que antes.

Yo en mi vieja naturaleza era una persona muy burlona, prejuiciosa y cínica. Sin embargo, hoy espero más de las personas porque estoy aprendiendo a verlas con el lente del *Imago Dei,* y porque tengo esta descripción y advertencia de Jesús más presente.

Por ejemplo, en las redes sociales, cuando alguien me insulta y ataca mi carácter o mi integridad, muchas veces no por algo que dije o hice sino por "asociación", suelo hacer silencio o preguntas (según perciba que la otra persona puede llegar a razonar), y ese es todo un ejercicio de dominio propio para mi lengua mordaz (de la que no

estoy orgulloso). De hecho, escribo esto al día siguiente
en que un amigo muy cercano me alegró el día al decirme
que me felicitaba, luego de ver algo que algunos me habían
escrito en una red social, porque, conociéndome tanto, sabía
que sería todo un esfuerzo para mí no avergonzar a esas
personas públicamente, ya que no dudaba que yo podría dar
veinte mil respuestas para avergonzarlos por las tonterías
que me estaban diciendo.

Tristemente, la mayoría de la gente hoy está dolida.
Para algunos, el rechazo es moneda de todos los días.
Las expectativas irreales promovidas por la sociedad de
consumo crean un estado continuo de sensación de fracaso,
y el pecado, encima, seca el alma. *¿Qué necesitan estas
personas?* Alguien que vea atisbos de Dios en ellos, y que
los trate con el espíritu de honra que desarrolla alguien que
adora primeramente a Jesús.

Lo que más necesita un alma que sufre una sequía no es un
aguacero espiritual que, por solucionarlo todo de una vez,
produzca deslaves y desmoronamientos, sino las rutinarias
lluvias de gracia que poco a poco vuelven a regar las capas
expuestas del alma que se ha secado. Pequeños detalles
continuos de amor que embellecen la vida del otro y la
propia, haciendo notable que la presencia de Dios está entre
nosotros.

Cada ser humano porta atisbos de Dios.

Cuando Abraham fue llamado por Dios la presencia de Dios fue su mapa, su guía y su provisión.

¿Te imaginas cómo sería el mundo si al menos todos los cristianos tratáramos a todas las personas como trataríamos a Jesús?

Lo que más necesita un alma que sufre una sequía no es un aguacero espiritual que, por solucionarlo todo de una vez, produzca deslaves.

Dios está presente en los pequeños detalles. Nace en establos. Está en los valles de sombra de muerte, y no solo en los montes donde quisiéramos hacer una enramada.

7

CIMIENTOS

Cada vez son más las ciudades cuyo horizonte está dominado por edificios rascacielos, ya que muchos urbanistas consideran que aprovechar mejor cada metro cuadrado es una solución práctica y segura para la creciente población de las grandes urbes.

El emblemático edificio Empire State, en la ciudad de Nueva York, y la torre Willis (antes llamada Sears), en Chicago, compitieron en el siglo pasado por ser los edificios más altos del mundo. Y aunque hoy estos edificios en comparación, por ejemplo, con la torre Burj Khalifa en Dubai, o la torre Merdeka 118 en Kuala Lumpur, que tienen más del doble de su altura, se parecen a mí puesto al lado de cualquier jugador de baloncesto, igualmente te puedo decir que, habiendo visitado sus miradores, yo personalmente no estoy seguro de si desearía estar todavía más arriba.

¿Cuál es el secreto que permite que hoy se puedan construir edificios más y más altos que los del siglo anterior?

Los expertos explican que hay dos razones básicas. La primera es que hoy se producen materiales más livianos que el hormigón o el hierro que se usaban antes. La segunda, y más importante, es que se han mejorado las técnicas para hacer los cimientos. ¡El secreto de las nuevas megaconstrucciones es lo que está fuera de la vista, debajo del nivel de la tierra!

Los ingenieros y arquitectos que planifican estos megaproyectos primero que nada trabajan en una base lo suficientemente resistente como para soportar toda la presión vertical que el edificio va a producir, tomando en cuenta, sobre todo, las cualidades del terreno. Por ejemplo, el espectacular edificio Shard en Inglaterra (de 95 pisos y 18.000 toneladas) está construido sobre la suave arcilla londinense... por lo que está apoyado sobre una enorme placa de cemento, sustentada por cientos de columnas que llegan a los 53 metros de profundidad, donde está la arena dura. Esto por supuesto que no se nota desde el nivel del piso, pero estos son cimientos muy profundos en comparación con los de los rascacielos de Nueva York, que no pasan los 16 metros bajo la superficie.

La premisa para la construcción es muy simple: cuanto más alto queramos llegar, más profundo debemos ir, para que los cimientos sean más resistentes y puedan sostener la

CUANTO MÁS ALTO QUERAMOS LLEGAR, MÁS PROFUNDO DEBEMOS IR.

mayor altura. ¡Y lo mismo sucede con la vida espiritual!

El rol de la revelación en la adoración

La Biblia fue dada a nosotros para que nuestra vida de adoración llegue más alto, con cimientos más profundos y fuertes. Si no la leyéramos no estaríamos aprovechando todo el conocimiento y revelación de siglos que Dios mismo puso a nuestra disposición, y eso evidenciaría una falta de interés y de amor por el Dios que decimos adorar.

Sin embargo, hoy quizás más que nunca la Biblia está siendo calumniada, y estoy convencido de que esto se debe al enorme desprecio velado que ha recibido en tantos círculos del cristianismo durante tantos años.

¿A qué me refiero? A que desde nuestros escenarios y redes sociales decimos amar la Palabra de Dios, pero en la práctica

no la honramos, y eso ha abierto la puerta a que personas desilusionadas con la Iglesia la acusen de no ser relevante, de no ser cierta y de tener todo tipo de errores.

Alcanza con escuchar muchos sermones contemporáneos (con miles de *likes* en las redes sociales) para notar que el análisis de lo que dice la revelación bíblica ha sido reemplazado por principios de piscología pop, por anécdotas, o por un uso superficial o alegórico de la Biblia, haciéndole decir cosas que no dice para justificar un mensaje que concuerde con las aspiraciones normales de cualquier ser humano sin Dios.

Y alcanza con darnos cuenta de que los cristianos más celebrados suelen ser cantantes y oradores motivacionales, y no teólogos o maestros como era hace tan solo algunas décadas atrás, y no digo esto porque sea culpa de los cantantes o motivadores sino porque refleja lo que valoramos.

Celebramos los mismos talentos que el mundo, y el efecto colateral ha sido catastrófico: sin querer, hemos preparado el terreno para que entre nosotros crezca cizaña, ya que al no tener conocimiento bíblico no tenemos herramientas para evaluar lo que se dice, y entonces el único filtro que nos queda es el de si la canción o el mensaje conmueven nuestras emociones.

De esta manera, cualquiera puede esparcir cualquier idea, como ya anticipaba Pablo cuando advertía que habría gente empujada por cualquier viento de doctrina (Efesios 4:14).

Y esto tiene todo que ver con la adoración.

¿Por qué? Porque si ponemos a Dios primero, amaremos su revelación.

Así como lo hizo Pablo. En 2 Timoteo 4 lo encontramos en la cárcel escribiendo el último capítulo de su última carta que va a conformar el canon bíblico. En este texto le pide a Timoteo

DESDE NUESTROS ESCENARIOS Y REDES SOCIALES DECIMOS AMAR LA PALABRA DE DIOS, PERO EN LA PRÁCTICA NO LA HONRAMOS.

que le traiga un abrigo que se dejó en un viaje misionero, y también sus rollos y pergaminos, que podemos sospechar con suficiente certeza que se trataban de porciones de las Escrituras. En ese sencillo pedido Pablo expresa que su cuerpo en la cárcel tiene frío, y que su corazón y su mente necesitan el abrigo que solo provee la Palabra de Dios.

Pablo había tenido una conmovedora experiencia de conversión (Hechos 9:1-22), había visto y facilitado

milagros (Hechos 14:8-10), había predicado a multitudes
y a autoridades (Hechos 17), y hasta había visto el cielo
(2 Corintios 12:1-6), ¡pero él quería seguir estudiando las
escrituras hasta su muerte!

Pienso que es vital que quienes predicamos y enseñamos, e
incluso quienes escribimos y dirigimos canciones, usemos
herramientas contextuales para conectar a la gente con las
verdades bíblicas. Compartir ilustraciones y testimonios
es vital, y obviamente la música es un excelente cable de
conexión para conmovernos con una verdad, pero la verdad
debe ser *la verdad* y nada menos que *la verdad*, y la verdad
eterna ha sido revelada en las sagradas Escrituras. Y esa
verdad es Jesús, a quien no podemos conocer lo suficiente,
ni de manera espiritual ni de manera práctica, sin la Biblia,
ya que ella es el principal documento con el que contamos
para conocerlo.

Ser bíblicos no es sinónimo de soltar cataratas de versículos,
o de vestirse a la antigua como pareciera que se cree
en algunos contextos. La diferencia entre un mensaje
motivacional y una predicación bíblica no es la cantidad de
versículos que se reciten, ni la ropa del que habla o el ámbito
en el que se lo escucha. La diferencia es que un mensaje
motivacional te impresiona con la persona del orador y con
lo que él te dice que puedes llegar a hacer, y un mensaje

bíblico te impresiona con la persona de Dios, con lo que Él ya ha revelado de sí mismo, y con lo que Él puede hacer.

Y aclaro que a todos nos viene bien ser motivados, y a todos nos seduce la elocuencia, y hay motivadores que realmente hacen un gran trabajo. El problema no es de ellos, sino que muchos cristianos no saben discernir la diferencia, y entonces su alimento continuo es una dieta

> **SI PONEMOS A DIOS PRIMERO, AMAREMOS SU REVELACIÓN.**

motivacional que nunca soluciona el problema del pecado ni los nutre de dependencia y conocimiento de Dios.

Si no ponemos a Dios primero, no tendremos devoción por su Palabra, aunque hagamos una carrera de cantarle canciones.

Me encanta esta cita del genial filósofo danés Søren Kierkegaard: *"Nosotros los cristianos somos una banda de estafadores sagaces. Fingimos ser incapaces de entender la Biblia porque sabemos muy bien que en el momento en que la entendamos, estaremos obligados a actuar en consecuencia"*.[1]

Necesitamos abandonar el exilio bíblico y regresar, o quizás

---

1 Søren Kierkegaard. *Provocations: Spiritual Writings of Kierkegaard.* (Provocaciones: Escritos Espirituales de Kierkegaard). Plough Publishing House, 2014.

llegar por primera vez a ella, con el corazón y la mente encendidos. El corazón para ser receptivos, y la mente para descartar un acercamiento mágico que nos impida entenderla debido a tradicionalismos disparatados como, por ejemplo, leerla en un español que ya no existe, creyendo que Dios habla como en la época de nuestros abuelos en vez de ser eterno y hablar siempre como nosotros.

¿Qué letra mata?

Si hubiera un concurso de los versículos bíblicos más frecuentemente sacados de contexto para dar a entender lo que nunca quisieron decir originalmente, uno de los finalistas sería 2 Corintios 3:6.

Según la Reina Valera 1960, la versión bíblica más usada en años recientes en el mundo de habla hispana, este versículo dice:

> *"... el cual asimismo nos hizo ministros competentes de un nuevo pacto, no de la letra, sino del espíritu; porque la letra mata, mas el espíritu vivifica".*

Predicadores de todos los estilos y tallas lo han usado para dar a entender que es una advertencia contra demasiado estudio. Sin embargo, una simple lectura en otra traducción como la Nueva Biblia Viva (que es una excelente traducción dinámica en la que se priorizó usar un lenguaje simple,

como era la intención del texto bíblico en el hebreo y griego
originales) refleja mejor lo que el apóstol Pablo tenía en
mente al escribirlo, y lo que quiere decir en su contexto:

"Él nos ha capacitado para que seamos siervos del
nuevo pacto, no basado en la ley sino en la obra
del Espíritu, porque la ley condena a muerte, pero
el Espíritu da vida".

En este capítulo de su probablemente tercera o cuarta carta
(esto te lo "revela" el estudio de las cartas de Pablo) a los
Corintios, Pablo no estaba hablando del estudio en general, y
mucho menos del estudio bíblico. Pablo estaba contrastando
el propósito de la ley con
el propósito del Espíritu,
y vale recordar que en
todas sus cartas Pablo
continuamente contrasta
le ley con la gracia, así
que eso es también lo
que tiene en mente con

> **LA LEY REVELA
> NUESTRA
> IMPERFECCIÓN.
> EXHIBE QUE
> ESTAMOS MUERTOS
> SIN EL ESPÍRITU.**

estas palabras. La ley revela nuestra imperfección. Exhibe
que estamos muertos sin el Espíritu. Luego, en los versículos
que siguen, Pablo amplía su referencia al "Nuevo Pacto", y
cuando Pablo usa esas palabras está contrastando su mensaje
de salvación a través de la fe en Cristo por la gracia de Dios

con el mensaje del "Antiguo Pacto" de salvación para Israel, que consistía en seguir la ley de Moisés.

Para Pablo, aquellos que intentan seguir la ley, tarde o temprano descubren... ¡que son incapaces de seguir la ley! Descubren en sí mismos la pecaminosidad que les impide obedecer a Dios, y él lo expresa de esta manera en otra de sus cartas:

"Por eso, antes de entender lo que la ley demanda, me sentía bien. Pero cuando llegó el mandamiento, cobró vida el pecado y morí. Es decir, el mandamiento que debía haberme dado vida, me condenó a muerte".

(Romanos 7:9-10)

El Espíritu de Dios, en cambio, da vida verdadera a los que confían en Cristo bajo la nueva alianza de Dios con la humanidad. El Espíritu viene a vivir con todos los que creen en Jesús, y su presencia se convierte en la evidencia de que pertenecemos a Dios (Romanos 8:11).

Como ves, esto no tiene nada que ver con el estudio, ni es una condenación para quienes quieren ir a un seminario bíblico o leer libros, como ridículamente he visto decir en tantas ocasiones, incluyendo a predicadores populares en redes sociales.

La ley mata porque no podemos cumplirla. El estudio de la ley no mata. Y claro, el estudio tampoco salva. Pero el sentido común debe llevarnos a darnos cuenta de que no hay manera posible de conocer más a Jesús y también al Espíritu Santo sin estudiar lo que la Biblia nos ha revelado acerca de ellos y de Dios.

Para los cristianos, el valor más alto de la Biblia está en revelarnos a Jesús, quien nos da la visión más profunda y madura del carácter del Dios trino.

LA LEY MATA PORQUE NO PODEMOS CUMPLIRLA. EL ESTUDIO DE LA LEY NO MATA.

El carácter de Jesús brinda a la humanidad una guía única e indispensable para seguir el desarrollo de conceptos maduros acerca de Dios y también de su Espíritu Santo, por lo que no hay manera de tener una perspectiva trinitaria integral sin la Biblia.

Herramientas espirituales

La Biblia fue escrita "para nosotros" pero no "a nosotros", de modo que lo que quiere decir para mí no puede contradecir lo que quiso decir para sus lectores originales. Por eso necesitamos esas herramientas de estudio bíblico que tristemente han sido y siguen siendo censuradas por aquellos que pretenden ser espiritualistas sin ser asertivamente espirituales. Algunas de estas herramientas son:

- **La hermenéutica**, que proviene del verbo griego ἑρμηνεύειν (hermenéuein) que significa interpretar, declarar, anunciar, esclarecer y traducir. Hermenéutica significa que alguna cosa se vuelve comprensible o se lleva a la comprensión, en particular un texto en su contexto.

- **La exégesis**, que es el análisis minucioso específico de lo que está en el texto.

- **La semiótica**, que es la disciplina también conocida como semiología o teoría de los signos, que toma especial consideración del uso de cada palabra, y que creo es que muy importante porque el lenguaje es un elemento fluido de la cultura y las palabras crean realidades; por eso, continuamente debemos revisar cuáles fueron las palabras usadas originalmente y, sobre todo, cuáles hubieran sido las utilizadas hoy para decir lo mismo, aunque estas no sean las que están en el texto.

- **La historia** (incluyendo los hallazgos arqueológicos), que ilustra con referencias específicas que permiten entender mejor a los autores, protagonistas y lectores originales de un libro, o los hechos mencionados en un texto.

Y me gusta pensar en esta lista de manera circular...

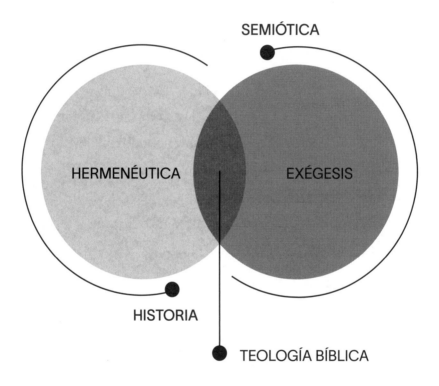

SEMIÓTICA

HERMENÉUTICA

EXÉGESIS

HISTORIA

TEOLOGÍA BÍBLICA

¿Por qué? Porque la **hermenéutica** parte de la observación del contexto textual, es decir, se pregunta qué dice el capítulo, e incluso el libro, de un determinado versículo;

luego analizamos lo que a simple vista dice el versículo o porción escogida, haciéndole preguntas específicas como quién, qué, a quién, etc. (**exégesis**); luego pasamos por la **semiótica** para evaluar las palabras utilizadas y nos preguntamos por qué esas y no otras, y cuáles son las que hoy tienen el mismo uso; y esto ya nos lleva a la **historia**, siendo que el contexto histórico explica el uso de palabras y les da precisión a las referencias, con lo cual volvemos a la hermenéutica con la foto completa.

Necesitamos comprender la Biblia, y no solamente saber algunas partes (convenientes) sueltas, como si fueran un amuleto o un mantra. Lo siento, pero no todo lo que Dios le prometió en un momento específico a Israel es una promesa para ti hoy, y por eso debemos estudiar mejor la Biblia, para no quedarnos con dichos que primero nos inspiran y luego nos decepcionan.

Una de las mayores fragilidades de la iglesia contemporánea no es la confusión que viene de afuera, sino la que surge de adentro por falta de conocimiento, tal como dice el profeta Oseas en un momento frágil de la historia de Israel (Oseas 4:6). Y no es de sorprender que esta referencia se aplique a nosotros hoy, luego de treinta años de darle más atención a la música que a la Palabra y a su enseñanza organizada (además de creer que la adoración tiene que ver exclusivamente con el canto de ritmos lentos).

Nadie que tenga un genuino deseo de adorar a Dios descuidará su Palabra.

Los verdaderos adoradores de Dios abrazan el estudio de Dios y el testimonio bíblico, y por eso no existe tal cosa como "adoradores en espíritu y verdad" que pasen más tiempo en un estudio de grabación que en el estudio de la revelación escrita.

UNA DE LAS MAYORES FRAGILIDADES DE LA IGLESIA CONTEMPORÁNEA NO ES LA CONFUSIÓN QUE VIENE DE AFUERA, SINO LA QUE SURGE DE ADENTRO POR FALTA DE CONOCIMIENTO.

Si la Biblia te invita a escudriñarla (Juan 5:39), te dice que es una lámpara a tus pies (Salmos 119:105) y que fue inspirada por Dios para tu bien (2 Timoteo 3:16), entonces debemos dejar de repetir eso de que "el conocimiento envanece" (otro texto fuera de contexto) como excusa para no estudiar la Biblia (incluso si lo escuchaste de tus mentores).

Estudiar la Biblia es estudiar teología. Y no, no es para

suprimir al Espíritu, sino para conocerlo, comprenderlo y discernir su voz en medio del ruido de la sociedad secular (y también de el de la religión). Dar a entender que destacamos a Jesús y al mismo tiempo descartar la Biblia es realmente un disparate, ya que de otras fuentes solo conocemos su historicidad como hombre, pero todo lo que sabemos acerca del carácter y de las enseñanzas de Jesús lo sabemos a través de... la Biblia.

Así que si las palabras, las canciones o los posteos de alguien tienen la infantil ecuación: "Jesús, bueno / estudio de la Biblia, malo", es bastante dudoso que en serio tengan algo bueno para aportarte que no sea su confusión teórica.

Profundizar en nuestro conocimiento de lo que Dios ha revelado de sí mismo en esa biblioteca única que llamamos Biblia es un ejercicio de adoración que no podemos ni relegar ni delegar. YHVH está allí soplando oxígeno desde sus letras para que no solamente contemos con un mayor conocimiento, sino con una más energizante expectación de lo que la Trinidad quiere seguir haciendo en el mundo y en nuestras vidas.

8

HALAL

La adoración a Dios es una aventura intencional en la que nos sumergimos cuando confiamos en su gran protagonista (Él, y no nosotros) y nos abandonamos a su efecto soltando nuestras propias ideas, heridas, conceptos y valores, con tal de calibrar nuestro corazón y mente con los suyos.

Un vehículo crucial para ayudarnos a que eso suceda es la alabanza.

Y es cierto que la ceremonia, la música, las luces y los ritmos pierden toda relevancia cuando la adoración llega a ese espacio auténtico en el que solo se trata de asombro, agradecimiento y devoción. Ese espacio te renueva y enfoca, a la vez que te ayuda a sacudir de tu vida cualquier ídolo, facilitando que puedas acercarte y mantenerte cerca de Aquel que es y debe ser siempre el epicentro de nuestra fe. Pero claro que la ceremonia juega un papel, y de eso se trata el termino hebreo *Halal*.

La alabanza es una avenida y no el destino, pero es una avenida vital y puede tener un excelente asfalto y árboles frondosos a los lados, en vez de ser tan solo una avenida llena de baches sin ningún atractivo por la que haya que transitar. La premisa de fondo es simple, pero también es fácil perderla de vista, y es que si el camino es atractivo, será más fácil llegar al destino.

Halal es la principal raíz hebrea para la palabra que traducimos como "alabanza", y está emparentada con la palabra "aleluya", que combina "halal" con "YHVH", y que en nuestra lengua del Quijote quiere decir "Alabado sea el Señor".

Halal significa celebrar, glorificar, cantar, alardear y agradecer, y quizás por ese tono celebrativo es que seguramente alguna vez escuchaste esa idea incompleta de que la alabanza tiene que ver con ritmos acelerados, mientras que la adoración tiene que ver con ritmos lentos. El problema con este concepto es que podemos alabar a Dios con ritmos lentos también, y la adoración genuina tiene un montón de otras expresiones que no se limitan al canto o al aspecto musical (en el ritmo que sea). Por eso creo que es preferible evitar esta distinción tan simplista, por más que sea tan popular.

El Salmo 113:1-4 es un buen ejemplo de cómo funciona la palabra Halal.

"¡Aleluya (Halal)! ¡Alabado (Halal) sea el Señor! Alaben (Halal), siervos del Señor, alaben (Halal) el nombre del Señor. Bendito es su nombre por los siglos de los siglos. ¡Alábenlo (Halal) desde el amanecer hasta que el sol se ponga! Porque él está muy por encima de las naciones; su gloria es mucho más grande que los cielos".

En el libro *Stamina* escribí acerca del conocido pasaje de Nehemías 8:10 porque, aunque su final es muy repetido hoy en las iglesias, sospecho que demasiados cristianos no conocen lo que dice el pasaje completo, o apenas entendieron su significado de manera superficial. Esta afirmación es de Esdras, y la dice para cerrar una orden práctica para el pueblo. El versículo termina con: *"No, no se entristezcan porque el gozo del Señor es nuestra fortaleza"*, pero comienza con una orden todavía más concreta: *"¡Vayan a sus casas a celebrar este día! Preparen buena comida, beban vino dulce y compartan con los que no tienen nada preparado".* ¿Por qué? Porque el alegrarse, para los cristianos, no es solo un resultado emocional como estamos acostumbrados a pensar, sino una prescripción práctica para que, luego de algunos actos externos, eso suceda por dentro.

La alabanza genuina es una disciplina, no una simple reacción. Es intencional y decidida, y no un resultado natural (aunque luego lo tenga).

El gozo es sin dudas fruto, pero también es medio, y por eso Pablo insiste en decir:

> *"No se angustien por nada; más bien, oren; pídanle a Dios en toda ocasión y denle gracias (desde la comprensión hebrea: Halal). Y la paz de Dios, esa paz que nadie puede comprender, cuidará sus corazones y pensamientos en Cristo".*

> Filipenses 4:6-7

Pablo sabía con un 1000% de seguridad que Jesús antes había dicho:

> *"No se preocupen por la comida, la bebida o la ropa. ¡Es mucho más importante tener vida y un cuerpo, que tener qué comer y qué vestir! Fíjense en los pájaros, que no siembran ni cosechan ni andan guardando comida, y el Padre celestial los alimenta. ¡Para él ustedes valen más que cualquier*

ave! Además, ¿qué gana uno con preocuparse?; ¿podemos acaso alargar nuestra vida aunque sea una hora? ¿Para qué preocuparse de la ropa? ¡Miren los lirios del campo, que no tejen su propia ropa, y ni aun Salomón con todo su esplendor se vistió jamás con tanta belleza! Si Dios cuida tan admirablemente las flores, que hoy están aquí y mañana se queman en el fuego, ¿no los cuidará mucho más a ustedes, hombres de poca fe? Por eso, no se anden preocupando por la comida o por la ropa. ¡Los paganos son los que siempre se andan preocupando de esas cosas! Recuerden que su Padre celestial sabe lo que necesitan. Lo más importante es que primero busquen el reino de Dios y hagan lo que es justo. Así, Dios les proporcionará todo lo que necesiten. No se preocupen por lo que sucederá mañana, pues mañana tendrán tiempo para hacerlo. Ya tienen suficiente con los problemas de hoy".

Mateo 6:25-34

Y creo que lo que dice Pablo en el versículo que citamos primero es el paso práctico de este. En vez de preocuparnos, debemos ocuparnos con agradecimiento; de eso se trata la alabanza.

OXÍGENO

El libro de los Salmos contiene una colección de poemas que pueden ser canciones y que evocan la omnipotencia, omnisciencia y omnipresencia de Dios, para facilitarle a su pueblo llevar sus pensamientos y emociones hacia Él. Aiden W. Tozer escribió que la esencia de la idolatría es tener pensamientos acerca de Dios que son indignos de Él[1], y los salmos se encargan de que tengamos pensamientos lo suficientemente enormes acerca de Dios. ¡Ese es el efecto de la alabanza!

La alabanza predispone nuestras mentes, nuestros corazones y hasta nuestros cuerpos para rememorar quién es Dios, qué ha hecho en el pasado y qué puede hacer en el futuro. De esta manera, bien enfocada, la alabanza es como una inyección de agradecimiento y rendición.

Otras tres palabras importantes para los hebreos con respecto a la alabanza eran:

"YADAH"

Implica confesar, destacar, agradecer y usar las manos extendidas y abiertas, indicando poner algo o a alguien en alto.

Algunos salmos que la usan son:

---

1 A.W. Tozer. *El Conocimiento del Dios Santo*. Editorial Vida, 1996.

"Te alabaré, Señor, entre todos los pueblos; te cantaré alabanzas entre todas las naciones". (Salmos 108:3)

"¡Aleluya! Agradeceré al Señor con todo mi corazón en compañía de los rectos". (Salmos 111:1)

"Entonces, ¿por qué desalentarse? ¿Por qué estar desanimado y triste? ¡Espera en Dios! ¡Aún lo alabaré de nuevo! ¡Él es mi Salvador y mi Dios!". (Salmos 42:5)

"TOWDAH"

Implica comprometerse, sumarse a otros en la alabanza, ser parte y sacrificar.

Algunos pasajes que la usan son:

"Entremos por sus puertas con canciones de alabanza. Démosle gracias y bendigamos su nombre". (Salmos 100:4)

"Pero el que me ofrenda su gratitud, me honra. Los que andan por mis sendas recibirán salvación del Señor". (Salmos 50:23)

"¡Entonces alabaré el nombre de Dios con mi cántico! Mi gratitud será su alabanza". (Salmos 69:30)

"BARAK"

Implica arrodillarse, reconocer, postrarse, bendecir, rendirse y proclamar su victoria.

Algunos pasajes que la usan son:

"Alaba, alma mía al Señor; alabe todo mi ser su santo nombre. Alaba, alma mía, al Señor, y no olvides ninguna de las cosas buenas que él te da". (Salmos 103:1-2)

"Vamos, arrodillémonos ante el Señor nuestro hacedor". (Salmos 95:6)

"¡Bendito sea el Señor por siempre! ¡Amén y amén!". (Salmos 89:52)

Y ya en el Nuevo Testamento, el libro de Hebreos dice:

"...ofrezcamos continuamente a Dios un sacrificio de alabanza por medio de Jesucristo; es decir, confesemos su nombre con nuestros labios". (Hebreos 13:15)

En Jesús tenemos la máxima expresión de la provisión de Dios, y agradecer continuamente por esa provisión no debe ser solamente una reacción emotiva sino un YADAH que nos invita a TOWDAH porque queremos BARAK, lo que podríamos traducir al español como una CONFESIÓN que nos invita a un SACRIFICIO de RENDICIÓN.

La alabanza no debe ser algo que hacemos cuando lo sentimos, sino algo que hacemos para asegurarnos de que nuestros sentimientos respecto a Dios son los correctos.

La adoración a Dios no puede llevarse a cabo solo con el cerebro, porque eso sería no amar al Señor con todo el corazón como indica el gran mandamiento. De manera que debemos involucrar, expresar y encausar las emociones también.

Como dice Richard Foster en su clásico libro *Alabanza a la Disciplina* (probablemente uno de los libros que he leído en más oportunidades): *"Los sentimientos son una parte legítima de la personalidad humana, y no hay manera de que no lleguen a ser parte de nuestra genuina adoración a Dios"* [2]. Por supuesto, lo mismo debemos decir del intelecto. También debemos amar a Dios con nuestra mente. Así que no es una cosa o la otra. Las emociones y el intelecto pueden y deben actuar en armonía.

Pablo les dijo a los corintios: *"...Debo orar con el espíritu, pero también con el entendimiento. Debo cantar con el espíritu siempre que se entienda la alabanza que estoy ofreciendo".* (1 Corintios 14:15)

Y claro, al prestarle atención a los salmos, es lógico también darles lugar a las expresiones corporales. Esto hoy en día es confirmado por las neurociencias, ya que sabemos de manera científica que las posiciones del cuerpo son

---

2 Richard Foster. *Alabanza a la Disciplina*. Editorial Peniel, 2009. Pág. 175.

tanto una expresión como un condicionante de nuestra predisposición neuronal... y creo que esto debe hacernos pensar en las liturgias.

En muchas iglesias evangélicas contemporáneas se desconoce esta palabra, o se la mira con sospecha, con una idea ingenua de que son algo demasiado calculado y que no le da lugar al Espíritu. Lo que estas iglesias no entienden es que las liturgias bien usadas son ejercicios para darle lugar al Espíritu, y que pueden ser planeadas de manera espiritual. Lo espiritual no tiene por qué ser espontáneo, sino que podemos buscar la guía del Espíritu Santo para planificar nuestras reuniones y actividades.

Además, si son honestos, sus reuniones ya tienen liturgias, porque las liturgias son simplemente patrones que se repiten en las reuniones. Yo he estado en iglesias que cuestionarían la palabra "liturgia", pero que siempre piden la ofrenda en el mismo momento de la reunión y con básicamente las mismas palabras, y eso es exactamente... una liturgia.

En el mapa universal de la Iglesia, una de las corrientes del cristianismo que por siglos se ha destacado por sus liturgias es la iglesia ortodoxa. En el mundo hispano conocemos bastante poco de las iglesias cristianas de Europa hacia el oriente, así que déjame que te cuente un poco...

Los historiadores de la iglesia destacan que hay tres grandes ramas históricas de la iglesia cristiana: la católica, la protestante y la ortodoxa, que en un sentido se puede decir que es la más antigua, ya que, por su rasgo oriental, con ella se pueden trazar mejor los rastros hacia las iglesias del primer siglo. La alabanza ortodoxa es litúrgica y nadie se avergüenza por ello. Allí nadie se excusará por seguir ciertos patrones muy específicos en sus reuniones, con mucho simbolismo y reverencia, y te explicarán con emoción que eso es parte de su ritual para enfocar la mirada en Dios y agradecerle, pedirle y alabarlo según sea la ocasión.

Cada miembro de una iglesia ortodoxa sabe que las reuniones tendrán espacios para repeticiones, respuestas (letanías), sonidos específicos (como el uso de campanas) e incluso aromas (ya que usar incienso es parte normal de sus reuniones). Algo bastante parecido a lo que sucedía en el Antiguo Testamento. Y algo más: en las iglesias ortodoxas no suele haber bancos mirando a un escenario elevado en el frente, así como tampoco los había en el templo de Jerusalén, ni en las sinagogas, ni en el aposento alto, ni alrededor de la mesa de la última cena.

Los bancos, y sobre todo las sillas individuales, llegaron bastante tarde a la historia de la iglesia, y lo hicieron en función de mirar a un escenario. En las sinagogas se sentaban a discutir los temas pero siempre mirando hacia el medio, donde estaban los rollos, y no hacia un altar (o escenario, para ser más honestos con las palabras que usamos). Los bancos largos de madera llegaron por la época de la Reforma Protestante, gracias a que Lutero, Calvino y Zuinglio eran profesores universitarios y la gente quería escuchar lo que enseñaban (que no era precisamente lo que sucedía con los sacerdotes católicos promedio). El énfasis de la liturgia católica era la misa, que sigue siendo la ceremonia principal de la Iglesia Católica y también lo es de la Iglesia Ortodoxa, y no el sermón, que es más bien un rasgo protestante, siendo que todavía hoy la homilía (el mensaje) en las iglesias católicas y ortodoxas no suele durar más de 15 minutos (tienen otras ocasiones para el catecismo o la enseñanza). En la celebración de la misa se rememora la vida, pasión, muerte y resurrección de Jesús, y se comparte la llamada Santa Eucaristía, que es lo que los protestantes llamamos Cena del Señor. La palabra "misa" proviene del latín *missa*, que quiere decir "envío", porque la percepción general de esta liturgia desde un principio era de que se trata de un momento de renuevo para permanecer santificados en la misión. Algo que, convengamos, se perdió a través de los siglos...

Pero quiero regresar al tema de los bancos porque estoy

seguro de que te puede haber dejado con sorpresa, tal como me sucedió a mí cuando caí en cuenta de esto. La idea de las iglesias ortodoxas es que en las reuniones de alabanza haya movimiento e interacción, para facilitar la internalización de verdades, a la vez que se está de pie porque se está alabando a un Rey (en la antigüedad, en la presencia de reyes también todos estaban de pie).

La palabra "liturgia" viene del griego λειτουργία, y es usada en la Biblia para referirse a las tradiciones del templo, e incluso en el libro de los Hechos, para referirse a las costumbres comunales de la Iglesia primitiva. En nuestro caso, una de las cosas que se han perdido en la modernidad de las iglesias de occidente es la belleza de la adoración multisensorial que tenían las iglesias del pasado. En nuestros templos no hay mucho que mirar, ya que no quedan vitrales contando historias. Los templos cada vez son más oscuros, iluminados por pantallas como las que nos acompañan en cualquier momento fuera del templo, solo que más grandes. Hay pocos símbolos. Pocas pausas. Pocos silencios. Y espero no ofender a nadie con esto, o sí... pero hay muy poca creatividad. Esto incluso en iglesias consideradas "creativas", por contar con un buen diseño en las pantallas, música más moderna y mayor cantidad de personas vestidas a la moda entre quienes pasan por el escenario.

¿Qué tal pensar en aromas, texturas, conversación y

símbolos...?

Hoy casi no quedan lecturas comunales, e incluso la
Cena del Señor se celebra apenas un par de veces al año.
Nuestras reuniones proponen escuchar y cantar, y lo más
"interactivo" que proponen es saludar a los dos o tres que
están a tu lado.

¿Cuáles son las opciones?

Cualquier actividad que no cruce el límite de la moralidad y
que se haga en orden. Al menos eso es lo que recomienda el
Nuevo Testamento, que prácticamente no tiene indicaciones
para las liturgias, ya que no dice nada de horarios, de
cuánto debe durar la música o de cuál debe ser su ritmo,
de cuánto debe durar la enseñanza o si debe haber varias
personas hablando o solo una. Lo que sí dijo Jesús fue que le
recordemos al comer juntos.

Nuestras liturgias son un invento nuestro, y no es que estén
mal por eso. Son la consecuencia de que Dios nos dio
libertad creativa para adorarle y alabarlo. Lo que sucede
es que muchas de ellas se quedaron congeladas en la
cosmovisión de otras generaciones.

Creo que el problema está en haber sacralizado nuestras
formas, y en el caso de las iglesias evangélicas en América y
España, en nuestra "rebeldía adolescente" de, por no parecer

iglesias católicas, haber perdido la riqueza de muchas liturgias y expresiones de arte que perfectamente podrían estar alineadas con enfocar nuestra mirada en la alabanza al Dios de la historia.

En algunas congregaciones no se puede mover las cosas, cambiar el orden de la reunión, la duración del sermón, ni los estilos musicales. *¿Por qué?* Por tradición e ignorancia.

Confundimos el medio con el fin.

Lo periférico con lo central.

Si hubiera una razón táctica para conservar un orden en las reuniones o un estilo musical, sería una realidad entendible y hasta recomendable. Proverbios 24:6 dice que *"La guerra se hace con buena estrategia..."*, y yo creo que la alabanza comunitaria debe hacerse con estrategia también. Pero que sea porque pensamos que "esa es la manera santa de hacerlo y la que agrada a Dios" es en la mayoría de los casos una herejía, ya que si hubiera una "liturgia santa" estaría explícitamente redactada por Jesús, Pedro, Pablo o alguno de los otros discípulos con autoridad canónica. En el Nuevo Testamento tenemos algunas pocas indicaciones generales en pasajes como 1 Corintios 14 (que creo que todos los líderes cristianos deberíamos estudiar en profundidad) y en las advertencias sobre quiénes deben ser elegidos como líderes eclesiásticos en 1 Timoteo 3 y Tito 1. Pero indicaciones sobre a qué hora debe ser la reunión, cuánto debe durar, cuántas canciones cantamos, si usamos himnos europeos o rock californiano o australiano o mariachi, cómo nos sentamos, cuándo nos paramos, en qué momento se levanta la ofrenda, y cuánto dura el sermón o si siempre debe haber uno... sencillamente no hay en la Biblia.

La adoración comunitaria es poderosa y comienza con la alabanza congregacional, y dentro de unos párrafos vamos a hablar acerca de cómo llevarla al terreno personal y de toda la semana. Pero, como ya señalamos, la presencia de Dios se hace especialmente notable en la alabanza de su pueblo, y todos la necesitamos.

Todos necesitamos rememorar la gracia y los hechos maravillosos de Dios en la expresión de otros. Los testimonios de transformación alimentan nuestra fe, el canto de otros estimula nuestros sentidos, la música es un conductor poderoso para nuestras emociones, y las verdades trinitarias expresadas con el peso de la lógica y el sabor de la elocuencia cautivan nuestra mente y enfocan nuestra mirada en el regalo y el señorío de Cristo, haciéndose trampolines de adoración.

La alabanza no puede estar enlatada, y menos aún con fecha de vencimiento.

No puede ser importada de otro país de moda.

Claro que podemos tomar ideas prestadas, y hoy, ante la globalización, es innegable que compartimos estilos musicales entre culturas diferentes. Pero una alabanza genuina debe ser planteada desde un contexto específico. Y claro que cualquier situación eclesiástica normal será multigeneracional, y eso crea sus desafíos en cuanto a gustos y percepciones. Pero quienes trabajamos en liderazgo de la iglesia podemos educar a nuestras congregaciones para que todos entiendan el verdadero uso de la alabanza, y así lograr juntos que el ejercicio de la alabanza a Dios sea el mejor vehículo de nuestra comunidad para facilitarnos una conciencia de santa expectación que nos centra en la adoración a Dios.

Ritmos de renuevo

La alabanza nunca es pasiva, y creo que la Biblia habla de sacrificios de alabanza (Hebreos 13:15) porque demanda de nosotros el detener lo que estamos haciendo o pensando para involucrarnos en ella, para pensar en Dios y sus hechos. Por eso es por lo que, más allá de la alabanza comunitaria, la alabanza debe ser considerada una disciplina personal, y no tan solo algo que hacemos porque nos gusta y cuando nos gusta.

OXÍGENO

La alabanza personal puede ser parte de nuestro ritmo de vida, algo que hacemos conscientemente cada día hasta que lo terminamos haciendo también inconscientemente. Así se convertirá en un ritmo de renuevo que oxigena nuestras vidas.

A lo largo de los años he insistido en enseñar que el canto es una expresión minúscula en cuanto a lo que significa la verdadera adoración, y este libro sirve para ampliar esa idea, pero quiero aclarar que mi intención no es desmerecer el valor del canto. En la Biblia tenemos no menos de cuarenta invitaciones a cantar, y eso es porque el canto tiene el potencial de sincronizar nuestros pensamientos con la grandeza de Dios. ¡Sobre todo para las nuevas generaciones que viven en un mundo con música omnipresente! Por eso, claro que recomiendo que todos los días cantemos y escuchemos cantos de alabanza, preferiblemente en algún momento específico, como al levantarnos, acostarnos o manejar al trabajo.

No soy de los que creen que escuchar música secular sea algo tenebroso, porque obviamente, como la misma Biblia, podemos cantar sobre el romance, la amistad, el trabajo o la diversión. De hecho, a veces me parece que mucho arte secular es más bíblico que el cristiano en cuanto a expresar todo el abanico de situaciones humanas, tal como hace la Biblia con el libro de Lamentaciones, o en las peleas intrafamiliares del libro de Génesis. En cambio, muchas canciones cristianas son tan solo exitistas y repetitivas, sin hacer ninguna referencia a las otras emociones y realidades que también son parte de nuestra vida. Pero sí creo que necesitamos momentos de conexión espiritual explícita que solo las canciones de alabanza nos pueden dar (del ritmo que sean). Y que esto sea algo habitual es la mejor manera de internalizar sus verdades y que haya momentos de intimidad y foco con el Señor, incluso para mantener una mejor actitud en nuestra vida cotidiana.

El libro de Proverbios dice: *"No hay mejor medicina que tener pensamientos alegres. Cuando se pierde el ánimo, todo el cuerpo se enferma"* (Proverbios 17:22 TLA). Por eso creo que otro ritmo común debe ser el del agradecimiento.

Para los verdaderos adoradores en espíritu y en verdad, el agradecimiento es una decisión y no una reacción. Un paso premonitorio, y no tan solo la consecuencia de una circunstancia favorable.

Estamos agradecidos cuando somos conscientes de que hemos recibido gracia. Es por eso por lo que los cristianos maduros pueden alcanzar un nivel más profundo de agradecimiento genuino.

¿Alguna vez reflexionaste sobre el romance entre las palabras "agradecimiento" y "gracia"?

OXÍGENO

Distintas investigaciones científicas multidisciplinarias hoy confirman los beneficios del agradecimiento, afirmando que:

o Mejora tus reacciones, mejorando tus relaciones.

o Tu sistema inmunológico se fortalece.

o Disminuye la presión arterial.

o Disminuye la ansiedad y la depresión.

o Facilita el descanso.

o Disminuye la soledad.

o Facilita la compasión.

o Te oxigena con mayor resiliencia ante las circunstancias difíciles de la vida (de eso hablaremos en el próximo capítulo…).

La adoración genuina
tiene un montón de otras
expresiones que no se
limitan al canto o
al aspecto musical.

La alabanza genuina
es una disciplina,
no una simple reacción.

La alabanza predispone nuestras mentes, nuestros corazones y hasta nuestros cuerpos para rememorar quién es Dios, qué ha hecho en el pasado y qué puede hacer en el futuro.

La alabanza no debe ser algo que hacemos cuando lo sentimos, sino algo que hacemos para asegurarnos de que nuestros sentimientos respecto a Dios son los correctos.

9

EL DOLOR Y EL PERFECCIONISMO

No son hermanos, pero son casi primos. Al dolor y al perfeccionismo les gusta jugar juntos.

El dolor es más independiente, y hay varias razones que pueden invitarlo a nuestra vida. El perfeccionismo, en cambio, siempre está llamando al dolor.

¿Te identificas con alguna de las siguientes afirmaciones?

"No oro lo suficiente".

"No leo la Biblia lo suficiente".

"No comparto mi fe lo suficiente".

"No amo a Dios lo suficiente".

"No estoy lo suficientemente comprometido con la iglesia".

"No soy lo suficientemente espiritual".

A veces vienen de la voz del Espíritu y otras veces son susurros del perfeccionismo.

La clave para discernir de quién viene la voz está en las motivaciones.

Cuando tienen que ver con el deseo de adorar a Dios por ser recíprocos con Él, entendiendo que no hay mejor manera de vivir que conectados a la fuente de la vida, entonces es la voz del Espíritu. Cuando estas afirmaciones vienen de la culpa y están cargadas de vergüenza y enraizadas en el temor, entonces es la voz del perfeccionismo y el síndrome de Lucifer.

Mira estas palabras en la visión del Juan del libro de Apocalipsis:

> *"Escuché entonces que una potente voz proclamaba en el cielo:*
>
> *«¡Al fin llegó la salvación, el poder y el reino de nuestro Dios, y la autoridad de su Cristo!, porque el acusador de nuestros hermanos, el que los acusaba día y noche ante Dios, ha sido expulsado del cielo...»"*.

Apocalipsis 12:10

El que acusa para condenación no es el Espíritu Santo, aunque la religión te haya vendido que su furia e intransigencia son celo por la santidad.

La religión te grita que debes cambiar para acercarte a Dios. El evangelio, en cambio, te susurra que cerquita de Dios puedes cambiar.

El resultado externo de conductas modificadas se parece, pero la realidad interna de paz o guerra está a siete océanos de distancia.

La adoración, así como la santidad, es la respuesta a la invitación de un Dios asombroso y amoroso que nunca deja de ser justo, y es por eso que en nuestro

> LA RELIGIÓN TE GRITA QUE DEBES CAMBIAR PARA ACERCARTE A DIOS. EL EVANGELIO, EN CAMBIO, TE SUSURRA QUE CERQUITA DE DIOS PUEDES CAMBIAR.

libre albedrío podemos responder con fe a su invitación de gracia, o podemos rechazarla y sufrir las consecuencias prácticas. Consecuencias que *no* son porque Dios tenga el deseo de castigarnos, sino que se deben a que rechazamos su gracia, e incluso al intento solapado de ser nuestros propios salvadores y justificadores (¿recuerdas el capítulo "El ego en el altar"?).

OXÍGENO

La adoración y la santidad no son la amenaza de un Dios
enojado, sino la invitación amorosa de un Dios de gracia.

Por eso, a mí me sorprende cuán común es encontrarme con
predicadores y músicos que, por un lado, hablan o cantan
de la gracia y, por el otro, hablan de un Dios furioso y
desesperado, como un sabueso queriendo encontrar el hueso
de nuestros pecados. Esta dualidad religiosa debe quedar
atrás.

El perfeccionismo seca la espiritualidad, arruina las mejores
amistades, estropea matrimonios, y perjudica a padres
e hijos en general. El perfeccionismo hace operar al ser
humano con motivaciones equivocadas y con expectativas
irrealistas. Y no me mal entiendas... claro que a veces
mejora las conductas. Pero empuja a la autoglorificación
y a la acusación de otros, no para ayudarles a vencer sus
debilidades sino para sentirse superior a ellos.

La adoración genuina, en cambio, es un fuerte antídoto
contra el perfeccionismo espiritual que está en todos
nosotros, porque al enfocarse en la identidad de Dios,
descubre y redescubre continuamente la exuberante gracia
que se expresó en Jesús.

Al mirar mi propia vida, debo darte el testimonio de que su
gracia ha sido la estación de la que sale y a la que siempre

llega mi vida. Es el aeropuerto del que despegan y en el que aterrizan mis planes, y la misión espacial a la que apuntan mis aspiraciones. Sin la gracia benevolente, incomprensible y —debo decir— hasta descarada de Dios, no hubiera estado a salvo de sabotearme la vida al punto de detenerla. Sin la gracia de Dios no hubiera podido avanzar, caminar, correr e incluso arrastrarme a la cruz por nuevas oportunidades en tantas ocasiones. Sin la

LA ADORACIÓN Y LA SANTIDAD NO SON LA AMENAZA DE UN DIOS ENOJADO, SINO LA INVITACIÓN AMOROSA DE UN DIOS DE GRACIA.

gracia de Dios no tendría el regalo prestado e inmerecido que es mi familia. No tendría ministerio. No tendría tantos amigos. Porque por mi naturaleza los hubiera perdido a todos. Y no tendría la esperanza de un día ser contado como fiel por los méritos, también prestados, de mi Jesús.

Pero hay un punto más que debemos comprender: la gracia se descubre mejor en el dolor y la derrota.

Cuando necesitamos ayuda.

En una red social leí este testimonio de un papá que acababa de perder a su hijo menor:

"Mi esposa me dijo esta noche: 'Ahora somos diferentes'. Y eso es cierto. Esta es una herida abierta que tendremos hasta el final. Sin embargo, prefiero sentir esta herida que nunca haberlo conocido. El dolor es el precio del amor. Mi relación con él no ha terminado.

Ahora estoy en esta etapa terriblemente dolorosa de esperar y observar hasta que me reúna con él. Estoy asombrado por el nivel de dolor. Lo extraño tanto que apenas puedo soportarlo. Oh, pero llegará un día en que mis ojos volverán a ver su hermoso rostro y lo sé porque mi vida ha visto el rostro de Jesús.

Cuanto más hermosos y plenos los recuerdos, más difícil es la separación. Pero la gratitud transforma el tormento de la memoria en alegría silenciosa. Uno lleva lo que fue hermoso en el pasado no como una espina, sino como un regalo precioso en lo más profundo, un tesoro escondido del que uno siempre puede estar seguro".

Cenizas que fertilizan

El dolor no viene originalmente de adentro, como el perfeccionismo, sino que emerge como reacción a las circunstancias. Pero también puede ser la antesala en la que finalmente nos encontramos con la gracia y abrazamos la adoración a Dios como un estilo de vida y una prioridad.

Cuando era niño visité con mis padres el bosque de arrayanes que se encuentra en el Parque Nacional Nahuel Huapi en el sur de la Argentina, muy cerca de la preciosa ciudad de Bariloche. Allí escuché la historia de un viejo incendio que había azotado el lugar, pero que se había convertido en lo mejor que le había pasado a ese bosque, y en el gran causante de que llegara a ser tan frondoso y bello. El guardaparque nos explicó

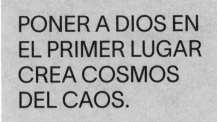

PONER A DIOS EN EL PRIMER LUGAR CREA COSMOS DEL CAOS.

a todos los turistas que estábamos allí que el fuego había quemado las ramas y hojas al pie de los árboles, y los arbustos y la maleza que antes había allí, de tal manera que había producido una espesa ceniza que, luego de la aparente tragedia inicial, había potenciado con nutrientes la tierra, haciendo que esos árboles que en la superficie parecían quemados, luego crecieran mucho más altos y fuertes.

En Juan 12:24 Jesús nos habló de algo muy parecido:

"Es verdad que si un grano de trigo cae en tierra y no muere, se queda solo. Pero si muere, produce mucho fruto".

Las tumbas son tierra fértil. Por eso es necesario y nutritivo para el alma pasar por circunstancias de dolor.

OXÍGENO

Como expliqué en el libro *Margen*, Dios permite el dolor porque este nos purifica, y hasta nos protege de otros males como la insensibilidad. Por eso, cuanto más oscuras sean nuestras celdas, más libertad encontraremos en la genuina adoración al Dios todopoderoso.

Al terminar uno de sus famosos sermones, Charles Spurgeon oró:

"Oh, Dios, yo creo que en la oscuridad estás gestando luz, que en la tormenta estás reuniendo sol, que en las minas estás labrando diamantes y en los lechos del mar estás haciendo perlas. Creo que por insondables que sean tus diseños y pruebas, tienen fin. Aunque sea en el torbellino y en la tormenta, tienes un camino que es bueno y justo a la vez".[1]

¿Recuerdas esa escena maravillosa de Pablo y Silas en la cárcel en Hechos 16:16-40? Sus versículos más sublimes son el 25 y el 26. Luego de explicar en los versos anteriores que tienen sus pies agarrados a un cepo y que están en la celda más profunda, en estos versículos leemos:

"Era ya media noche y Pablo y Silas todavía estaban orando y cantando himnos al Señor. Los demás prisioneros escuchaban cuando, de pronto, un gran terremoto sacudió los cimientos de la cárcel y las puertas se abrieron y las cadenas de

---

1 bit.ly/40rDvH8

todos los presos se soltaron".

¿La genuina adoración suelta prisioneros?

¡Claro que sí!

Poner a Dios en el primer lugar crea cosmos del caos.

Y es que la gracia se desata con agradecimiento, y no porque estemos intentando ganar un favor del cielo. Con Dios no se negocia. Él no comercia. Él no realiza transacciones, y sus pactos son unilaterales. Dios no cambia el perdón por las buenas conductas, ni pueden comprarse sus milagros. Él besa al pródigo antes de que hable. Lo que a nosotros nos toca es ir (o regresar) a Él con confianza (Hebreos 4:16), ya que nada puede separarnos de su amor excepto nuestra desconfianza en el regalo de su gracia, que no es otra cosa que no considerar a Jesús suficiente en su sacrificio y querer ayudarlo con nuestro ego.

Lee como nunca antes leíste lo que Pablo, inspirado por el Espíritu Santo, escribió en Romanos 8:35 y 37-39 (NTV):

"¿Acaso hay algo que pueda separarnos del amor de Cristo? ¿Será que él ya no nos ama si tenemos problemas o aflicciones, si somos perseguidos o pasamos hambre o estamos en la miseria o en peligro o bajo amenaza de muerte? (…) Claro que no, a pesar de todas estas cosas, nuestra victoria es

absoluta por medio de Cristo, quien nos amó.

Y estoy convencido de que nada podrá jamás separarnos del amor de Dios. Ni la muerte ni la vida, ni ángeles ni demonios, ni nuestros temores de hoy ni nuestras preocupaciones de mañana. Ni siquiera los poderes del infierno pueden separarnos del amor de Dios. Ningún poder en las alturas ni en las profundidades, de hecho, nada en toda la creación podrá jamás separarnos del amor de Dios, que está revelado en Cristo Jesús nuestro Señor ".

Por eso, cuando te lleguen pruebas, por favor recuerda que no es que Dios esté incumpliendo sus promesas en tu vida debido a tu imperfección. Dios no está malhumorado por lo que todavía no hayas logrado. Jesús fue una clara expresión de esto, y como indicó en sus bienaventuranzas (Mateo 5:3-11), Él se deleita en esos momentos en los que miras todo lo que eres, por incompleto que sea, respiras, le agradeces, y vas una milla más como sacrificio de adoración, y no porque te mueve la culpa.

Jesús es perfecto, no perfeccionista. Él no es como nosotros, con brotes de impaciencia, e incluso en esa escena en la que se enojó con los mercaderes del templo, ejerció su dominio propio.

¿Nunca pensaste en que ya debía haber visto a los cambistas ahí antes? ¡Seguramente Jesús los había visto por años! En cada fiesta nacional estaban ahí *¿Por qué no hay ningún registro de que la escena de su enojo se hubiera repetido varias veces antes?* Porque en esa ocasión Jesús estaba en el amanecer de su última semana, y cada instante era una oportunidad pedagógica para sus discípulos. De hecho, en esa escena ni siquiera estaba hablando del templo físico, sino de hacer un negocio humano con el templo que Él restauraría en

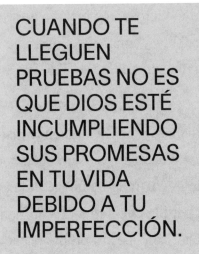

CUANDO TE LLEGUEN PRUEBAS NO ES QUE DIOS ESTÉ INCUMPLIENDO SUS PROMESAS EN TU VIDA DEBIDO A TU IMPERFECCIÓN.

tan solo tres días, dentro de poco tiempo (Juan 2:19).

Jesús se refería a su propio cuerpo. A su sacrificio. Y esta es la razón principal por la que solo Él debe ser el propósito, sujeto y predicado de nuestra adoración.

¿Estarán celosos los ángeles?

No lo puedo afirmar, pero tengo mis sospechas de que los ángeles están celosos de nosotros por no poder cantar la alabanza del arrepentido ni poder darle al Señor la adoración que solo puede dar quien ha reconocido su imperfección.

Quien ha percibido por debajo de su piel su tremenda necesidad de gracia, y quien ha visto la mano de Dios en su momento de desesperación, pueden darle al Señor todopoderoso un perfume de adoración que es único y sublime, como aquel perfume de la mujer de mala reputación en Lucas 7:36-50.

Los ángeles no pueden darle al Señor esta adoración porque, a menos que haya algo en la historia del universo que desconocemos, ellos no pueden darle a Dios esas respuestas que gravitan desde una realidad pecaminosa necesitada de perdón en un mundo conflictivo en el que además de luchar con nuestro propio pecado lidiamos con el de las otras personas que viven a nuestro alrededor. Los ángeles no tienen nuestra historia de luchas, de accidentes, de perfeccionismo y de dolor.

Hace unos años le escuché decir a la conocida Joni Eareckson Tada (quien a sus 17 años quedó paralizada del cuello hasta los pies luego de hacer un salto en aguas de poca profundidad) decir lo siguiente: *"Lo primero que planeo hacer con las piernas resucitadas el día que vea al Señor cara a cara es caer de rodillas agradecidas y glorificadas"*. Obviamente, esas palabras tienen mucho más peso cuando las dice alguien que ha sufrido una cuadriplejia por más de cincuenta años.

Esa es la adoración que emerge de sus luchas, y es la más valiosa que le puede dar a Dios.

Así como la nuestra es aquella que emerge de nuestras propias imperfecciones y dolores, contrastados con su gracia.

10

INMERSIÓN

Nunca voy a olvidar mi primera visita a Roma. Mi fascinación con su historia y mi expectativa por conocer la *città eterna* me tenían más inquieto que de costumbre. Mi hijita Sophie no tenía más de dos años, pero con Valeria estábamos decididos a conocer todo lo que pudiéramos en los pocos días que teníamos, así que inmediatamente luego de llegar al aeropuerto de Fiumicino, manejamos hacia el Coliseo, y de allí fuimos a la Fontana di Trevi, al foro romano y al Arco de Constantino. Sin embargo, nos esperaba otra fascinante sorpresa cuando, por la tarde, al fin nos dirigimos a nuestro lugar de hospedaje. En una página en línea habíamos elegido un aparente hotel, en lo que parecía ser un ex monasterio pegado a una iglesia antigua.

OXÍGENO

O, al menos, eso pensamos. Pero al llegar al lugar, nos dimos cuenta de que era una catedral del siglo XI, y que para llegar a las habitaciones había que cruzar unos pasillos interiores de esa vieja iglesia.

A la mañana siguiente, intrigados, averiguamos y aprendimos que se trataba de una construcción arriba de otras construcciones más antiguas, ya que en los cimientos de esta iglesia, conocida como la *"Basílica di San Clemente al Laterano"*, se encuentra una iglesia del siglo IV, y, debajo de ella, hay otra construcción que según algunos hallazgos fue una casa privada en la que se llevaron a cabo reuniones clandestinas de cristianos entre el siglo I y el II.

Hoy esto puede parecer muy extraño, pero para los romanos de la antigüedad no era raro tirar abajo una construcción, aunque fuera importante, y cubrirla de tierra para edificar otra nueva arriba. Se trataba de una costumbre que mantuvieron por siglos. Pero al enterarme de que en este lugar mis hermanos de la iglesia primitiva habían dado la vida por su fe, la emoción en seguida me embargó el corazón y se me escaparon algunas lágrimas.

Los cristianos del primer siglo se reunían en casas de recién convertidos y en catacumbas, que eran tumbas subterráneas en las que, por superstición, los soldados del imperio no los perseguían. Pensar que sobre estos lugares sagrados se

habían edificado otros, me hizo reflexionar sobre la historia
de una iglesia que estuvo en un momento conformada
por adoradores de YHVH dispuestos a dar su vida como
mártires por la causa de Cristo, y que, siglos después,
está llena de gente cómoda. En el mejor de los casos,
simplemente no le damos lugar a las adicciones, sabemos
canciones cristianas y versículos de memoria, asistimos a
un templo cada semana y somos políticamente correctos.
Pero hemos quedado en la superficie de nuestras ciudades,
escondiendo nuestro verdadero tesoro.

Una vida centrada en Cristo no debería hacernos
complacientes, cómodos y buenos, sino peligrosos y
audaces.

La adoración a Dios no debería hacernos pasivos, ni siempre
felices, sino activos en hacer una diferencia a pesar del
dolor, la incomodidad y la impopularidad que eso conlleva,
sobre todo en un mundo de públicos que opinan sin
protagonizar la vida llena de vida que solo Jesús puede dar.

Una vida de genuina adoración a Dios te hace una persona
de mejor y mayor influencia, y no necesariamente porque te
salpique de fama en los escenarios cristianos o en las redes
sociales, sino porque la adoración te concede el ímpetu del
Espíritu, que te ayuda a lograr lo que es imposible para la
carne pero que es posible en sus fuerzas (Romanos 8:3-6,

12:21), y que, esencialmente, es el poder del amor activado en tu entorno (de eso escribo en el libro *Influencia* de esta trilogía).

La vida sana no se trata de ser políticamente correctos con la cultura para conseguir *likes* en las redes (o en la vida real), sino de hacer lo correcto aunque sea impopular.

Amar también es preguntar, advertir y corregir cuando sea lo mejor para la otra persona, y por eso la adoración genuina y centrada en Dios hace de nosotros mejores padres, madres, esposos, líderes, empleadores y empleados, y hasta mejores ciudadanos, aunque eso no signifique que recibiremos el aplauso del pueblo (¡pero sí el del cielo!).

La adoración a Dios es demoledora para nuestro egoísmo. Incluso para ese egoísmo disfrazado de empatía, que es la más completa contradicción: decirle a alguien que te importa, y a la vez no advertirle cuando se dirige hacia una crisis de salud relacional o espiritual por miedo a que "no le gustes". (Algunos hoy a eso hoy le llaman "ser inclusivos"...).

No.

Quien ama también corrige. Confronta y se la juega. Con muchísima prudencia y humildad, pero no de esa humildad falsa y timorata que solo se autoprotege.

Quien ama con madurez corre o espera, habla o calla, según haga falta. Y no porque es conveniente, sino porque prioriza hacer lo que es correcto hacia el otro.

Ese es el efecto orgánico de amar a Dios. Si le adoramos, amamos a quien Dios ama, tal como explicó Juan en su primera carta (1 Juan 4:20-21) y que anticipó el mismo Jesús diciendo: *"Si se aman unos a otros, todos se darán cuenta de que son mis discípulos"* (Juan 13:35).

Necesitamos ir más profundo, y volver a las conversaciones y acciones audaces de las catacumbas.

Quizás necesitamos un nuevo bautismo. Una inmersión total en las aguas del Espíritu para también sumergirnos en el propósito y el rol protagónico que tenemos en nuestra propia historia de adoración.

La inmersión del bautismo simboliza la muerte a la vida idólatra de la persona, y su renacimiento a una vida espiritual dedicada a darle la devoción, el foco y el afecto al Dios todopoderoso. Eso produce el consecuente servicio sacrificial de obediencia que gesta esa devoción (Romanos 6:3-6).

Esto es así porque nuestro Dios tomó la iniciativa y nos dio su todo en Cristo, y no hay manera más maravillosa de vivir que siendo recíprocos con el dador de la vida y saciando ese anhelo innato de nuestros pulmones del alma, que claman permanentemente por el oxígeno divino.

El ruido, las multiocupaciones, y la desinformación bienintencionada

Dallas Willard, con quien tuve el gusto y desafío de estudiar "Formación Espiritual" en el Fuller Theological Seminary, escribió en su clásico libro *La Divina Conspiración* que *"estamos sumergidos en un silencioso ruido, desde que nacemos hasta que morimos, de pared a pared, y que es un ruido silencioso, pero no tanto..."*. [1] Él se refería a un ruido estandarizado que hay en nuestras ciudades, al cual estamos acostumbrados y sin el cual nos sentiríamos expuestos e incomodos... pero que tenemos que aprender a callar para escuchar el susurro santo del Espíritu, que nos llama por nuestro nombre para que satisfagamos esa necesidad del alma que es la adoración genuina al Todopoderoso.

Todo lo que es realmente profundo en la vida tiene que ver con Dios, y la sabiduría de lo bello es la maravillosa necesidad del alma que lo recibe como la respuesta que ignora.

Una de las ambigüedades humanas que me sigue generando curiosidad es esa tensión que la mayoría de nosotros

---

1 Dallas Willard. *La Divina Conspiración*. Editorial Peniel, 2013.

experimentamos entre nuestro apego al ruido y nuestra necesidad de silencio. Desde la niñez, un gran número de nosotros le tenemos pavor al fantasma de la soledad, y por eso buscamos estar con otros. Necesitamos la compañía. Nos energiza su ruido. Pero, curiosamente, también nos drena. Tarde o temprano, todos llegamos a la conclusión de que un poco de soledad y silencio son necesarios, y de que necesitamos esas pausas para respirar, porque *queremos* respirar el oxígeno de Dios, conscientes de su continua presencia junto a nosotros.

Otro enemigo sigiloso y confuso de la adoración son las multiocupaciones generadas por la ansiedad de las apariencias. Si todavía no leíste el libro *Margen* de esta trilogía, precisamente se trata de cómo callarle la voz al activismo desenfrenado, y lograr una sabia administración de nuestra energía y tiempo. Los límites no son siempre "algo que debemos superar" (como dice el *cliché* que se ha repetido en muchos rincones de la sociedad, e incluso en las iglesias). No debemos gastar más de lo que nos entra, y eso no es solamente una afirmación financiera, sino un principio de mayordomía espiritual. Debemos mirar los límites con respeto, y discernir si son autoimpuestos o si están allí para protegernos.

Y el tercer enemigo, que no puedo darme el lujo de

no esforzarme por hacértelo ver más claramente, es la desinformación bienintencionada que te distrae de una vida profunda y de convicciones firmes. Hoy hay una marea de desinformación, y no necesariamente es porque quien repite imprecisiones tenga malas intenciones. Muchas veces, es gente que tiene las mejores intenciones, que habla con elocuencia y es popular. Incluso pueden ser personas que te amen, pero que repiten lo que escucharon de oídas sin dedicarse en serio a analizarlas.

La verdad libera y la mentira esclaviza, independientemente de las intenciones de quien sea que nos diga una u otra. Por eso, es importante que llenemos nuestras mentes de la verdad de Dios, para que ella vuelva continuamente a cautivarnos con sus nuevas libertades.

Y eso no se delega.

¡Es tu historia de adoración de la que estamos hablando!

El reino de las tinieblas va a hacer lo imposible por distraer tu adoración con pequeños ídolos, y por eso ha socavado la percepción de la verdad, restándole importancia a los fundamentos morales. Por eso se ha hecho común, por ejemplo, escuchar o leer en las redes a tanta gente sugiriendo que "todas las opiniones son igual de válidas".

No. De ninguna manera.

Unas son opiniones informadas y otras no. Unos estudiaron sobre eso en Harvard y otros no. Unos viven en un tema y otros son solo turistas en ese tema.

Ese es solo otro *cliché* pop para relativizar la verdad, y para empujarte a sucumbir a este embrollo que va a robarte tu foco y tu afecto para el Dios que quiere iluminar tus pasos.

No. Que haya que tratar con respeto a todas las personas no significa que todas las opiniones sean igual de válidas.

El portal y las avenidas a la espiritualidad

Jesús es el portal de acceso a una vida de pulmones llenos de oxígeno, ganas de vivir e ímpetu para un destino eterno.

Jesús hizo su inmersión en nuestro mundo de manera vulnerable, dejándonos claro de entrada que el camino a una vida llena de vida comienza en la humildad. Lo reflejó aun antes de su rol de maestro, al crecer en la casa de un carpintero de la pequeña aldea de Nazaret, en una zona perdida y desconocida del imperio de su época. Y Él hizo todo eso para estar con nosotros. Para identificarse con nosotros y marcarnos el camino.

Solo la fe en Él (y su lado B, que es el arrepentimiento por haber hecho las cosas a nuestra manera, es decir, adorando a otros dioses) reconcilian nuestra vida con Dios. Y luego están las disciplinas espirituales, esos hábitos y ritmos que no son algo más para hacer con culpa, sino avenidas que nos ayudan a ser plenamente conscientes de su presencia constante, su gracia renovable y sus planes audaces.

Pero debemos recordar que son medios para un fin, y por eso no podemos enamorarnos de ninguno de ellos (incluyendo la adoración), porque eso sería conformarnos con mucho menos que aquello para lo cual existen.

(¿Será posible ser adoradores de la adoración, y haber perdido de vista a Dios...?).

Por otra parte, el avance de la tecnología hoy permite que observemos la actividad neuronal en tiempo real en alguien vivo y despierto. Nuestro universo de comprensión acerca del comportamiento humano se ha expandido tremendamente, por lo que en años recientes una vasta cantidad de estudios científicos han investigado el resultado de las prácticas espirituales y sus efectos en nuestra mente, nuestras emociones e incluso nuestros cuerpos.

Hoy contamos con resonancias magnéticas funcionales, espectroscopías nucleares, electroencefalogramas y tomografías por emisión de positrones, y, para sorpresa de la ciencia, hemos podido corroborar que las prácticas espirituales incluso afectan las células y la neuroplasticidad de nuestros cerebros. ¡Esto es algo que los padres de la espiritualidad bíblica sabían ya desde hace siglos!

En palabras del afamado líder de la Iglesia Anglicana del siglo XIX, William Temple: *"La adoración aviva la conciencia mediante la santidad de Dios, alimenta la mente con la verdad de Dios, purifica la imaginación con la belleza de Dios, abre el corazón al amor de Dios y dedica la voluntad al propósito de Dios".*

Mirarlo a Jesús como la imagen del Dios invisible (Colosenses 1:15) invita a la oración honesta y continua, a las pausas inteligentes como el retiro y el descanso, a la alabanza que ensancha el corazón y la mente, a la sujeción de la carne en reconocimiento humilde de que necesitamos el consejo y la supervisión de otros, al ayuno de apetitos humanos, y al servicio desinteresado que purga nuestro egoísmo.

¡Los hábitos clásicos de la vida espiritual te están esperando para llevarte a una nueva capa subterránea en tu historia! Créeme, aunque suenen exóticos, no lo son, y si comienzas a practicarlos, pronto notarás que ya están en tu memoria, solo que ahora tendrán un nuevo propósito.

Algunas veces desearás otras cosas y mirarás con lujuria a otros dioses, pero no sucumbas al engaño del perfeccionismo. Un error, un traspié, o un pecado, no pueden separarte de cada nueva oportunidad de probar su misericordia.

Continúa.

Un paso a la vez.

Y luego otro.

Así es como se sube a una montaña o se baja a las profundidades de una vida espiritual llena de Dios.

Aunque Jesús vino a morir en una cruz y luego resucitar, Él nació como un bebé.

Recuerda: la adoración a Dios, intencional y sincera, siempre emerge de un encuentro personal con el misterio de la gracia, la fe y el destino.

Estudia con devoción Efesios 1 y 2.

Él espera tu adoración porque te anhela, y tu alma también lo anhela a Él.

Una vida centrada en Cristo no debería hacernos complacientes, cómodos y buenos, sino peligrosos y audaces.

¡Los hábitos clásicos de la vida espiritual te están esperando para llevarte a una nueva capa subterránea en tu historia!

Notas
bibliográficas

Llegar a decir que "leo, luego existo" podría parecer
exagerado, pero ha sido una práctica en mi vida que me ha
acompañado desde que no podía dormirme a la noche sin
antes leer al menos unas páginas de alguno de los libros
amarillos de la colección Robin Hood, que eran los libros
clásicos de novelas y aventuras que tenía en mi niñez. Esos
libros me atrapaban, y los elegía según cuán valiente me
sintiera esa noche… Aunque debo decir que cuando me
sentía más intrépido era cuando abría mi Biblia ilustrada
en la escena de la última plaga de Egipto, cuando mueren
los primogénitos. ¡Para abrir *esa* Biblia en *esa* escena sí que
tenía que sentirme valiente! Y de alguna manera, todos esos
libros tienen que ver con que haya escrito esta trilogía.

OXÍGENO

Sí. Yo sé que no es "normal" escribir una introducción para la lista de bibliografía consultada. Sin embargo, creí necesario hacerlo porque los libros que aparecen a continuación fueron los que me acompañaron como referencia mientras escribía estas páginas, pero la verdad es que todos los anteriores, incluso los de la colección *Robin Hood*, también colaboraron para que haya podido compartirte las reflexiones, incógnitas, dilemas y sugerencias de estas páginas.

Agradezco ahora a sus autores por acompañarme, desafiarme, ilustrarme y completar mis dibujos hechos palabras. Gracias...

Barth, Karl. *Church Dogmatics: A Selection with Introduction by Helmut Gollwitzer.* (Dogmas de la Iglesia: Una selección con la introducción de Helmut Gollwitzer). Westminster, John Knox Press, 1994.

Beiler, Anne. *The Secret Lies Within.* (El secreto pasa por dentro). Morgan James Publishing, 2020.

Collier, Winn. *Let God: Spiritual Conversations with Francois Fénelon.* (Déjalo a Dios: Conversaciones espirituales con Francois Fénelon). Dirty Paper Press, 2007.

Foster, Richard. *Alabanza a la Disciplina.* Editorial Peniel,

2009.

Giglio, Louie. *The Air I Breathe*. (El aire que respiro). Multnomah, 2003.

Goff, Bob. *Undistracted*. (Sin distracciones). Nelson Books, 2022.

Hermano Lorenzo. *La Práctica de la Presencia de Dios*. Editorial Peniel, 2006.

Jennings, Timothy R. *The God Shaped Brain*. (El cerebro formado por Dios). IVP Books, 2017.

Jones, Tony. *The Sacred Way*. (El camino sagrado). Zondervan, 2004.

Kernion, Anne Kertz. *Spiritual Practices for the Brain*. (Prácticas espirituales para el cerebro). Loyola Press, 2020.

Kierkegaard, Søren. *Provocations: Spiritual Writings of Kierkegaard*. (Provocaciones: Escritos espirituales de Kierkegaard). Plough Publishing House, 2014.

Kimball, Dan. *Adoración para la Nueva Generación*. Editorial Vida, 2013.

Lyons, Rebekah. *Rhythms of Renewal*. (Ritmos de renuevo). Zondervan, 2019.

Morgenthaler, Sally. *Worship Evangelism: Inviting*

Unbelievers into the Presence of God. (Evangelismo de adoración: invitando a los incrédulos a la presencia de Dios). Zondervan, 1999.

Packer, J. I.. *Hacia el Conocimiento de Dios.* Editorial Unilit, 1997.

Perkins, William. *A Godly and Learned Exposition upon Christ's Sermon in the Mount.* (Una exposición piadosa y erudita sobre el Sermón del Monte). Kindle, 2019.

Sproul, R. C.. *La Santidad de Dios.* Poiema Publicaciones, 2022.

Spurgeon, Charles. bit.ly/40rDvH8

Tillich, Paul. *Systematic Theology.* (Teología Sistemática). University of Chicago Press, 1976.

Tozer, A.W. *Diseñados para Adorar.* Editorial Portavoz, 2009.

Tozer, A.W. *El Conocimiento del Dios santo.* Editorial Vida, 1996.

Willard, Dallas. *La Divina Conspiración.* Editorial Peniel, 2013.

Sigue en todas tus redes a:

f 𝕏 ⌾ ▶ /e625COM

SÉ PARTE DE LA MAYOR COMUNIDAD DE EDUCADORES CRISTIANOS

Suscripción de **materiales premium** para iglesias

Recursos gratis

Tienda con envíos internacionales

Chat en tiempo real

Revista Líder 6.25

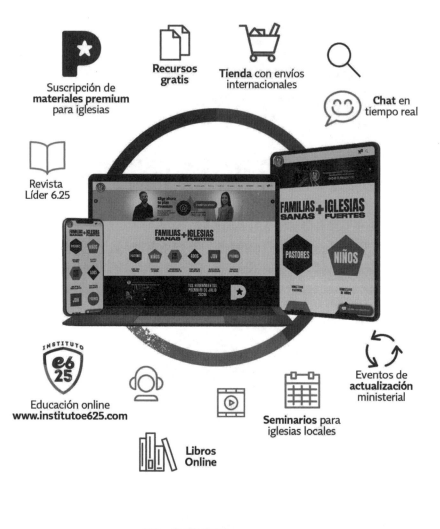

FAMILIAS + IGLESIAS
SANAS FUERTES

PASTORES

NIÑOS

INSTITUTO e625

Educación online
www.institutoe625.com

Eventos de **actualización** ministerial

Seminarios para iglesias locales

Libros Online

e625.com
TE AYUDA
TODO EL AÑO